Haunfelder / Olliges-Wieczorek
Münster

W0197297

Bernd Haunfelder
Ute Olliges-Wieczorek

Münster
Stadt des westfälischen Friedens

Aschendorff Münster

Abbildung auf dem Umschlag: Rathaus; Abbildung auf der Umschlag-Rückseite: Blick auf die Innenstadt von St. Lamberti
Frontispiz: Prinzipalmarkt mit der Lambertikirche.
Abbildung auf Seite 6/7: Blick auf die Innenstadt von Münster; im Mittelpunkt Domplatz und Dom.

Bildnachweis
Franz-Josef Nasch 2, 13, 20, 30, 31, 34/35, 36, 37, 39, 40, 41, 42, 43, 45, 46, 47, 48, 49, 50, 51, 53, 54, 55, 56, 57, 59, 60, 61, 62, 63, 64, 65, 68, 69, 71, 72/73, 74, 75, 76, 77, 78, 79, 82, 83, 85, 88, 90, 91, 93, Umschlag und Umschlag-Rückseite; Verlag Aschendorff, Münster 6/7, 25, 27, 29; Staatsarchiv Münster 10; Stadtmuseum Münster 15, 18/19, 20 ; Münsterland Touristik Zentrale 86/87; Westfälisches Landesmuseum für Kunst und Kulturgeschichte, Münster 21, 23. Karten auf S. 8/9, 32, 66 und 80: Vermessungs- und Katasteramt der Stadt Münster

2. Auflage

© 2003 Aschendorff Verlag GmbH & Co. KG, Münster

ISBN   3-402-05364-0

Inhalt

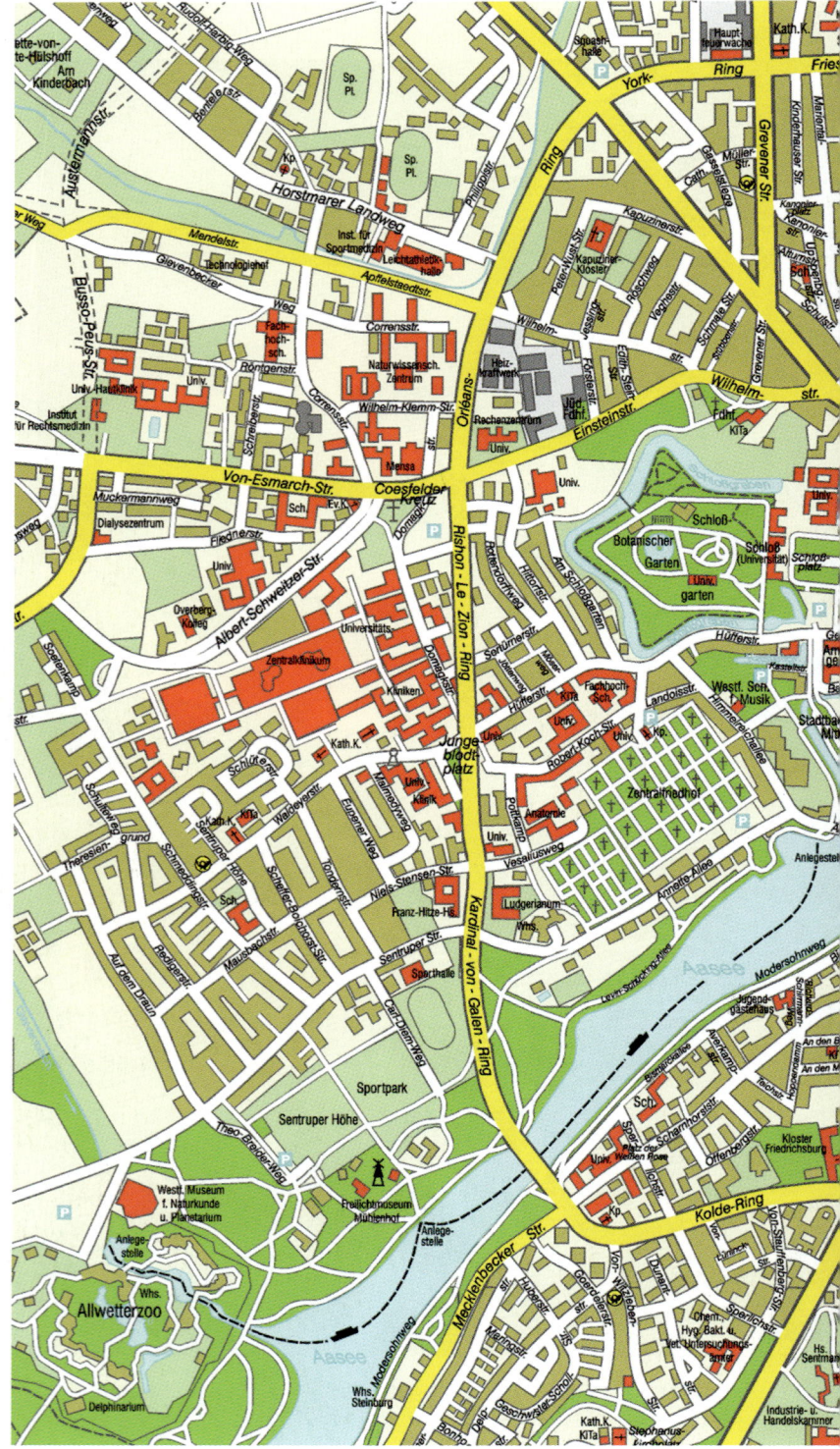

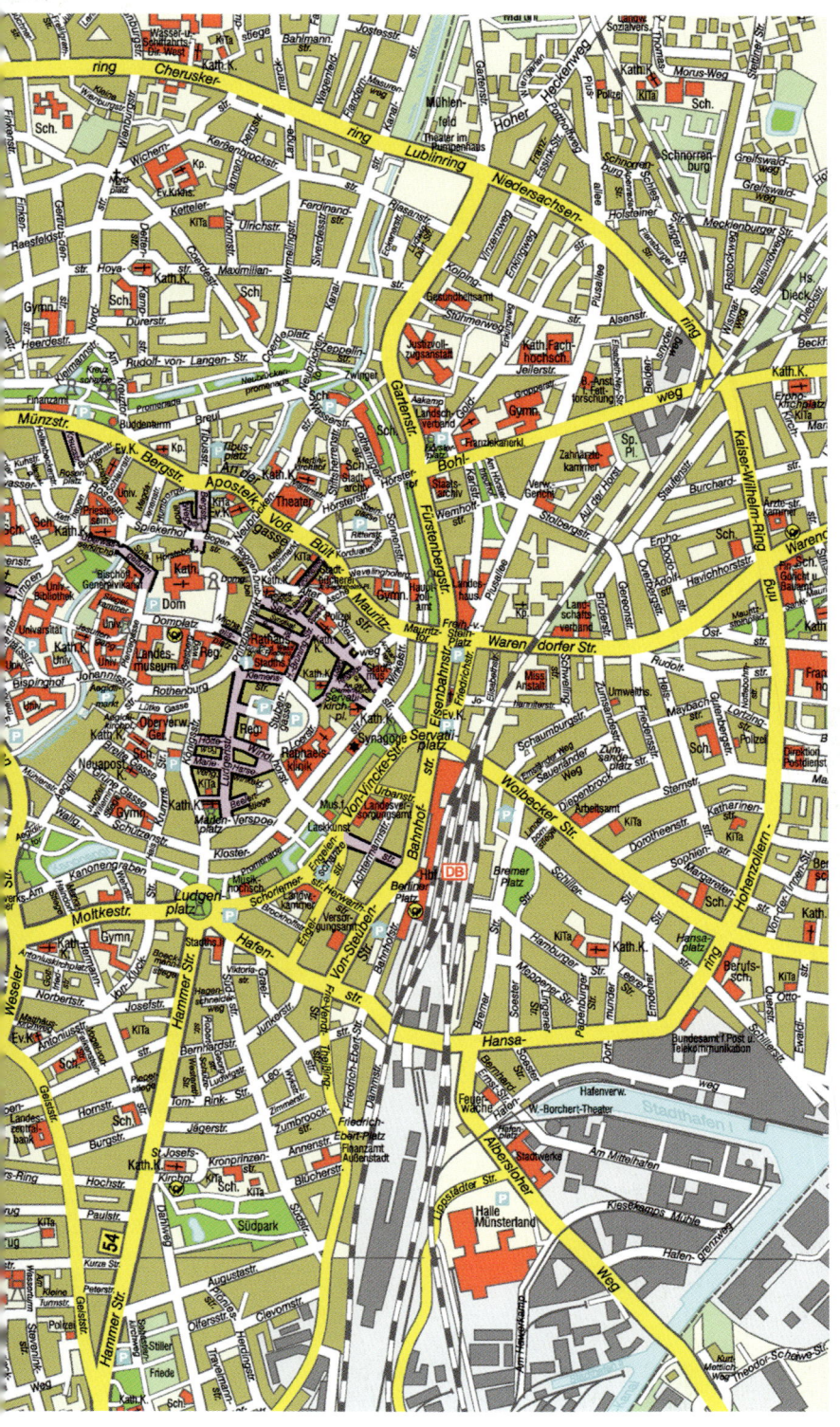

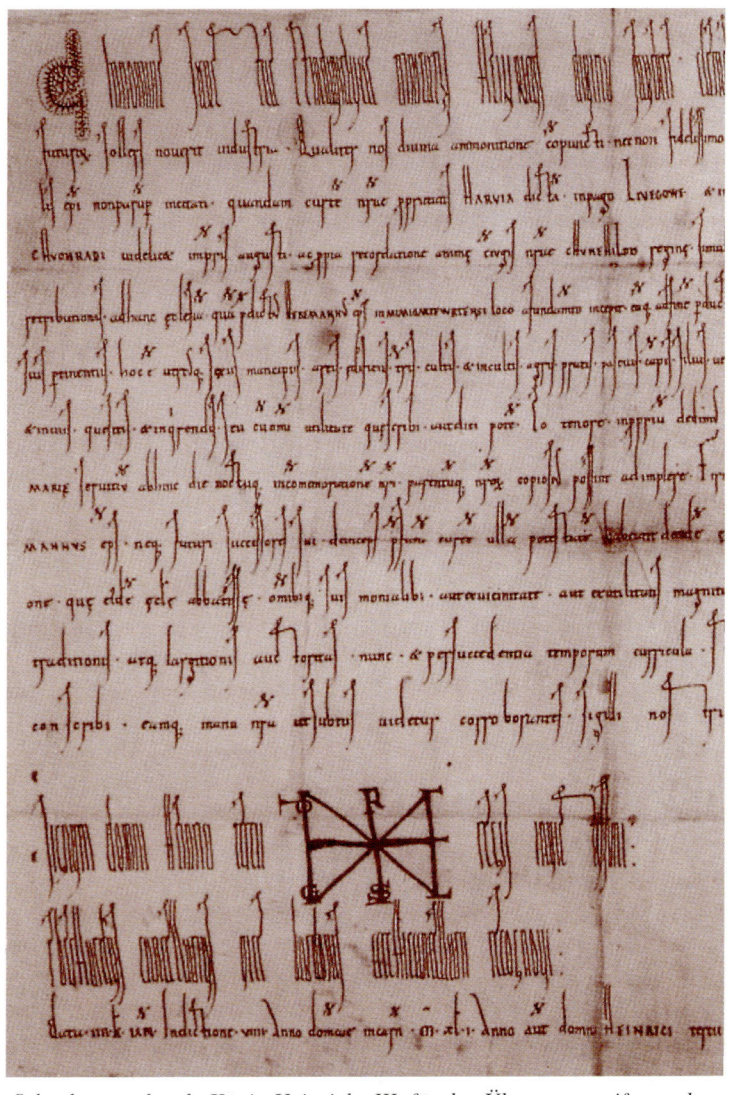

Schenkungsurkunde König Heinrichs III. für das Überwasserstift aus dem Jahre 1040 (Ausschnitt).

Stadtgeschichte

Nur Worte des Lobes: Theodor Heuss, erster Bundespräsident mit kunstsinnigem Sachverstand, bescheinigte Münster unumwunden, die schönste Stadt Deutschlands zu sein. Die Dichterin Annette von Droste-Hülshoff wie auch die Bildhauerin Elisabeth Ney priesen sie in höchsten Tönen, und von allen Städten Westfalens, schwärmte gar die Schriftstellerin Ricarda Huch, sei Münster die vornehmste, ja in ganz Deutschland gebe es keine, die ihr darin gleichkomme. Insgeheim teilen diese Meinung wohl auch unzählige Touristen, die Jahr für Jahr Münster besuchen und von der Stadt und ihrer Ausstrahlung begeistert sind.

Die an dem kleinen Flüsschen Aa gelegene alte Bischofsstadt, die traditionsreiche Handels- und Verwaltungsmetropole Westfalens blickt auf eine mehr 1200-jährige Geschichte zurück. In ihrer reichen Vergangenheit geriet sie wiederholt ins Blickfeld der europäischen Öffentlichkeit, so in den 16 Monaten der Täuferherrschaft von 1534/35 und während der Verhandlungen der europäischen Mächte von 1644 bis 1648, die zum Ende des Dreißigjährigen Krieges und zur Unterzeichnung des „Westfälischen Friedens" führten.

Die Anfänge Münsters reichen bis in die Zeit Karls des Großen zurück. Liudger, ein friesischer Missionar, hatte von ihm den Auftrag zur Christianisierung jenes Gebietes erhalten, das wir heute Münsterland nennen. Mit Errichtung eines Klosters, eines „Monasteriums" – wovon sich später der Name Münster ableitete –, legte Liudger im Jahre 793 den Grundstein zur Stadt. An jener Stelle, an der sich heute der Paulusdom befindet, haben Archäologen allerdings noch in jüngerer Zeit eine frühere Siedlung nachgewiesen.

Die nach der Weihe des Missionars zum Bischof im Jahre 805 zur Stadt (civitas) erhobene und inzwischen befestigte Domburg zog bald Handel und Gewerbe an. Ab 950 ließen sich vor ihren Toren Kaufleute nieder, und im Gefolge der regelmäßigen Zusammenkünfte (Synoden) des Bistumsklerus wurden erste Märkte abgehalten. Der am Schnittpunkt alter Handelsstraßen gelegene Bischofssitz entwickelte sich rasch zum geistigen, politischen und wirtschaftlichen Mittelpunkt in der Region zwischen Lippe und Teutoburger Wald.

Aus den bescheidenen Behausungen der Kaufleute erwuchsen nach und nach die ersten festen Gebäude. Der Bereich der alten Domburg und der des ersten Handels lässt sich noch heute entlang der Straßenführung von der Rothenburg über den Prinzipalmarkt bis hinunter zum Spiekerhof erkennen. Jenseits davon lag das Gebiet der so genannten Domimmunität, die sich fast kreisrund um die Kathedralkirche erstreckte.

Im Jahre 1090 fand die Weihe eines neuen, des zweiten Doms statt. Das kirchliche Leben spielte sich inzwischen auch an anderen Orten ab. König Heinrich III. nahm 1040 an der Grundsteinlegung des adeligen Damenstifts Liebfrauen-Überwasser teil. Mit dessen Gründung entstand ein zweiter Siedlungskern links der Aa, also – vom Dom aus gesehen – „trans aquas". Ein dritter Siedlungsraum um das etwa 1070 gegründete Kanonikerstift St. Mauritz, wenige Kilometer östlich der Domburg gelegen, fand dagegen keinen Anschluss an die Stadtfläche. Von St. Mauritz wurden wohl – noch vor 1100 – die Pfarrkirche St. Lamberti, die Stadt- und Marktkirche am späteren Prinzipalmarkt, abgepfarrt.

Auf Grund ihrer herausgehobenen Stellung im nordwestdeutschen Raum gerieten die Bischöfe von Mimigernaford, wie die Ansiedlung damals noch hieß, beinahe zwangsläufig in den Strudel der großen Politik. So wurden sie, die ja neben der geistlichen auch weltliche Macht besaßen, in den Streit zwischen Kaiser und Papst in der Frage der Besetzung der Bischofsämter (Investiturstreit) hineingezogen. Auf der Seite des Kaisers stehend, wurde die Stadt während der Belagerung durch den Sachsenherzog Lothar von Supplinburg im Jahre 1121 nahezu vollständig zerstört.

Die nachfolgende Zeit stand ganz im Zeichen des Wiederaufbaus von Dom und Marktsiedlung. Vor den Toren der Domburg bildeten sich jetzt allmählich auch jene Straßenzüge heraus, die noch heute das Bild der Altstadt prägen. Die wachsende Bevölkerungszahl erforderte um 1170/1200 die Gründung neuer Pfarreien, so St. Aegidii, St. Ludgeri, St. Martini und St. Servatii.

Das wirtschaftliche Leben in der Stadt erreichte eine erste Blüte. Die Kaufmannschaft strebte bald nach Selbstverwaltung und versuchte, Einfluss auf die bischöfliche Stadtherrschaft und das Stadtgericht zu erlangen. Dieses Ansinnen sollte in den beiden folgenden Jahrhunderten zwangsläufig zu tief greifenden Auseinandersetzungen zwischen Bischöfen und Bürgern führen. Vorerst aber profitierten die Nachfolger Liudgers vom politischen Wandel nach dem Sturz Heinrichs des Löwen im Jahre 1180 und der Zerschlagung des Herzogtums Sachsen. Sie stiegen zu „Fürstbischöfen" auf, also zu Landesherren, und waren fortan nur dem Kaiser gegenüber verantwortlich. Münster rückte nun ins politische Zentrum des gleichnamigen Bistums. Innerhalb der Reichsverwaltung sollten die münsterischen

Landesherren oftmals eine herausragende Stellung einnehmen. Hermann II. beispielsweise, der von 1174 bis 1203 regierte, zählte sogar zum engeren Beraterkreis Kaiser Friedrich Barbarossas, der ihn auch auf einen Kreuzzug mitgenommen hatte.

Der heilige Liudger, Gründer des Bistums; Darstellung im Dom zu Münster.

Mit der Verselbstständigung des Fürstbistums verschoben sich zugleich die Machtverhältnisse in Münster, und zwar zu Gunsten der Kaufmannschaft. Auf ihr Betreiben hin schlossen sich schon im Jahr 1246 Münster, Osnabrück und später auch noch Minden zu einem Bündnis zusammen, dessen Ziel die Bewahrung des Landfriedens und der Schutz des Handels war.

Im Jahre 1268 traten erstmals zwei Bürgermeister an die Spitze der Stadt. Es sollten freilich noch zehn Jahre ins Land gehen, bis die Stadt die Herrschaft der Fürstbischöfe endgültig abschütteln konnte. Seit dem Jahre 1278 waren diese praktisch nur noch Gäste in Münster, denn die Stadt hatte sich von ihnen ihre Wehr- und Markthoheit verbriefen lassen. Die Fürstbischöfe residierten seither an verschiedenen Orten des Bistums, darunter vor allen in Ahaus, sofern nicht, wie in späterer Zeit oftmals der Fall, eine Personalunion mit Kurköln bestand und der Kurfürst beziehungsweise Fürstbischof in Bonn Hof hielt.

Seinen wirtschaftlichen Aufstieg im 11. und 12. Jahrhundert verdankte Münster in erster Linie dem allgemeinen Bevölkerungswachstum und der günstigen Lage an den großen Handelswegen. Waren aus Münster wurden in Friesland, in Holland und am Niederrhein gehandelt. Als im Jahre 1195 in London das erste deutsche Handelskontor, der Stalhof, eröffnet wurde, gingen dort auch bald münsterische Kaufleute ihren Geschäften nach. Der Fernhandel der westfälischen Metropole, die im Verband der Hanse eine führende Stellung einnahm, reichte im 13. Jahrhundert bis weit in den Ostseeraum hinein. Von den engen Beziehungen ins Baltikum rührte etwa die „Stube von Münster" der Großen Gilde in Riga.

Obwohl die Stadt im 12. und 13. Jahrhundert durch Fehden, Seuchen (Pest von 1350) und besonders durch Brände, so im Jahre 1383, in Mitleidenschaft gezogen wurde, entwickelten sich die wirtschaftlichen Verhältnisse stetig. Mitte des 14. Jahrhunderts traten erstmals die Gilden in Erscheinung, ein Zusammenschluss von Angehörigen eines Gewerbes. Im politischen Leben der Stadt sollten diese, deren Zahl auf siebzehn anstieg, bald eine bedeutsame Rolle einnehmen. Ein Statut aus dem Jahre 1447 billigte ihnen gar die Ebenbürtigkeit mit der Ratsversammlung zu. Beschlüsse bedurften deshalb auch der Zustimmung der Gesamtgilde.

An der Wende vom 15. zum 16. Jahrhundert zeichneten sich in Münster einschneidende politische Veränderungen und religiöse Unruhen ab. Auslöser waren gravierende wirtschaftliche Probleme nach dem Rückgang des Warenaustausches mit den Handelsmetropolen im Nord- und Ostseeraum und ein Verfall der moralischen Autorität der katholischen Kirche. Dazu machte sich jetzt zusehends Sympathie für die Lehre Martin Luthers breit. Unterstützt durch die mächtigen Gilden, fanden Neuerungen in der Stadt rasch Verbreitung. Als aber die Reformation im Streit zwischen lutherischem Rat und radikalen Predigern scheiterte, gewannen alsbald die Anhänger der nach Münster strömenden Täuferbewegung die Oberhand.

Diese religiöse Sekte, die ihr Leben streng an dem Vorbild der christlichen Urgemeinde orientieren wollte, daher beispielsweise die Kindertaufe verwarf und die Erwachsenentaufe praktizierte, war in weiten Teilen des damaligen Deutschlands verbreitet. Weil sie Staat, Obrigkeit und die alte Kirche ebenso wie die neue lutherische Lehre ablehnte, sahen sich die Täufer strenger Verfolgung ausgesetzt.

Sie ergriffen nur in Münster die Macht. Einer ihrer Anführer, der sich stärker am Alten Testament orientierte, war Jan Bockelson, nach seinem Herkunftsort auch Jan van Leiden genannt. Binnen eines Jahres war er vom fanatischen „Täufer" zum „König des neuen Jerusalem" in Münster aufgestiegen. Seine unumschränkte Herrschaft trug bald groteske und grausame Züge. Nicht so sehr die Zerstörung sakraler Kunstwerke, die Abschaffung des Geldes oder die Einführung der Vielweiberei als vielmehr das eigenhändige brutale Vorgehen gegen Abtrünnige prägten sein bedrückendes Regiment. Jan van Leiden zur Seite standen sein „Rat" Bernd Krechtinck und sein „Statthalter" Bernd Knipperdollinck.

Das Täuferreich in Münster, das im Februar 1534 seinen Anfang nahm, brach im Juni des darauf folgenden Jahres in einem Blutbad zusammen. Schon seit der Machtübernahme der Täufer war die Stadt

Anführer der Täufer: Jan van Leiden, Kupferstich von
Heinrich Aldegrever von 1536.

von fürstbischöflichen Truppen belagert worden. Da sie auf Grund ihrer Wehrhaftigkeit nicht eingenommen werden konnte, versuchte man sie auszuhungern. Doch das führte nicht zum erhofften Erfolg. Erst als zwei Überläufer Söldner des Bischofs in die Stadt einließen, war es um das Schicksal der Täufer geschehen. Deren Anführer wurden gefangen genommen und 1536 zum Tode verurteilt. Zur Abschreckung steckte man ihre Leichen in drei Käfige, die noch heute an der Lambertikirche hängen. Zwar wurde die alte Kirchenverfassung wiederhergestellt, doch erst die Jesuiten setzten das katholische Bekenntnis wieder durch. Sie ließen sich im Jahre 1588 in

Anonyme Radierung, vermutlich Ende des 18. Jahrhunderts.

Münster nieder und errichteten hier eine ihrer größten Ordens-
niederlassungen in Deutschland.

Obwohl Münster während des 1618 ausbrechenden Dreißigjährigen Krieges einige Male von fremden Truppen bedroht wurde, so
1633/34, erlitt die stark befestigte Stadt keinen Schaden. Im Jahre
1643 rückte sie dann erstmals ins Blickfeld der europäischen Mächte, die ja damals zugleich Weltpolitik betrieben. Nach längeren Vor-
verhandlungen hatten sich diese auf Münster und Osnabrück als
Orte von Friedensgesprächen geeinigt.

Das hatte seinen Grund: Weil die kriegführenden Parteien unbe-
dingt an zwei verschiedenen Orten verhandeln wollten, drängte sich,
auch im Hinblick auf einen raschen Verlauf der Unterredungen, die
räumliche Nähe beider Städte auf. Hinzu kam, dass die beiden Städte in den bisherigen Auseinandersetzungen kaum Schaden genommen hatten und, wenn auch unter Schwierigkeiten, die große Schar
der Diplomaten aufnehmen konnten. So saßen in Münster die Abge-
sandten des Kaisers und der katholischen Reichsstände den Diplomaten Frankreichs gegenüber. Außerdem verhandelten hier Spanien
und die Vereinigten Niederlande über die Beilegung ihres seit achtzig Jahren währenden Krieges.

Von 1644 bis 1649 beherbergte Münster eine bunte Schar Diplomaten aus aller Herren Länder – es sollen allein über 200 Gesandte

gewesen sein –, die mit ihrem zahlreichen Gefolge für gesellschaftlichen Glanz sorgten. Die Verhandlungen begannen mühselig, und weil die Diplomaten häufig erst Anweisungen ihrer Regierungen einholen mussten, zogen sich die Gespräche hin. Am 24. Oktober 1648 konnten dann endlich die Verträge abgezeichnet werden. Dies geschah jedoch nicht im später so genannten Friedenssaal, sondern im Fürstenhof, einem heute nicht mehr existierenden Gebäude am Domplatz. Der Friedenssaal, ein kunsthistorisches Juwel aus dem 16. Jahrhundert, war allerdings Schauplatz der Beschwörung des spanisch-niederländischen Sonderfriedens im Mai 1648. Der Maler Gerard Terborch hat die berühmte Szene im Bild festgehalten. Die politischen Folgen des Westfälischen Friedens überdauerten die europäische Geschichte bis ins Jahr 1801, zum Teil sogar bis 1866, als Österreich von Preußen aus Deutschland herausgedrängt wurde. Einige Passagen, das Verhältnis von Staat und Kirche betreffend, haben dagegen noch heute Gültigkeit.

Den größten politischen Nutzen aus dem Vertrag zogen Frankreich und Schweden, Verlierer waren der Kaiser und die katholische Kirche. Vorteile erlangten auch die deutschen Reichsfürsten, die nunmehr über eine größere Handlungsfähigkeit verfügten. Heute interpretiert man den Vertrag jedoch in eine andere Richtung. Aus der Schwächung des Reichs, das schon vor Ausbruch des Dreißig-

Besuch des niederländischen Gesandten Adrian Pauw zum Friedenskongress, um 1646, Gemälde von Gerard Terborch.

Beschwörung des spanisch-niederländischen Friedens am 15. Mai 1648, Kupferstich nach einem Gemälde von Gerard Terborch.

jährigen Krieges viel vom Glanz früherer Jahrhunderte eingebüßt hatte, habe sich durch die Stärkung der Reichsfürsten der für die weitere Entwicklung Deutschlands so wichtige Föderalismus herausgebildet, so die Ansicht vieler Historiker.

Die Zeit nach dem Ende der Verhandlungen verlief für die Stadt wenig friedvoll. Ihr durch den Friedenskongress gestärktes Selbstbewusstsein vertrug sich nämlich ganz und gar nicht mit den Herrschaftsansprüchen des neuen, 1650 an die Macht gelangten Fürstbischofs Christoph Bernhard von Galen. Dieser bekämpfte alle Bemühungen Münsters nach Unabhängigkeit, darunter auch den Wunsch nach dem Status einer Freien Reichsstadt, mit unnachgiebiger Härte. Konnte sich die Stadt noch 1657 dank niederländischer Unterstützung nach einer Beschießung mit zweimonatiger Belagerung aus der Umklammerung retten, so musste sie vier Jahre später nach einer mehr als halbjährigen Belagerung kapitulieren. Galen hatte sogar nicht davor zurückgeschreckt, Münster beidesmal massiv zu beschießen. Um jedweden Widerstand schon im Keime zu ersticken, ließ der streitbare Fürstbischof unmittelbar vor den Toren der Stadt eine gewaltige Zitadelle errichten. Für den späteren Bau des Schlosses wurde das Befestigungswerk im Jahre 1764 niedergelegt.

Galens vorwiegend den schönen Künsten zugetane Nachfolger vermochten Stadt und Bistum zwar aus den Wirrnissen der Zeit herauszuhalten, den Schwund des politischen Einflusses Münsters konnten sie jedoch nicht aufhalten. Für das Überleben der Stadt und

Reiterbildnis des Fürstbischofs Christoph Bernhard von Galen,
anonymer Kupferstich nach 1661.

des Fürstbistums sollte es sich daher durchaus als vorteilhaft erweisen, sich durch die Wahl eines Wittelsbachers oder Habsburgers zum Landesherrn unter den Schutz dieser mächtigen Häuser zu stellen. Für die Sicherheit zahlte man jedoch einen hohen Preis. Weil fast während des gesamten 18. Jahrhunderts die Kurfürsten von Köln zugleich als Fürstbischöfe von Münster amtierten, sich aber zumeist in Bonn aufhielten, nahmen hier lediglich Minister ihre Amtsgeschäfte wahr. Damit hatte man den Rang einer Residenzstadt eingebüßt.

Der bekannteste Landesherr des 18. Jahrhunderts war Clemens August von Bayern, der, gerade neunzehnjährig, im Jahr 1719 zum Fürstbischof gewählt wurde. Münster verdankte ihm die Errichtung

21

des noch heute bestehenden Clemenshospitals samt der spät-barocken gleichnamigen Kirche, ein Werk des bedeutenden westfälischen Barock-Architekten Johann Conrad Schlaun. Dieser entwarf im Auftrag Clemens Augusts außerdem zahlreiche Bauten in Münster wie im gesamten Fürstbistum, darunter das bekannte Jagdschloss Clemenswerth im Emsland. Gemeinsam mit Balthasar Neumann aus Würzburg erarbeitete er auch Pläne für die großartige Schlossanlage in Brühl bei Bonn.

Überschattet wurde die bis 1761 während Ära Clemens Augusts von den schlimmen Folgen des Siebenjährigen Krieges, als 1758/59 abwechselnd mehrfach französische und hannoversche Truppen Münster besetzten. Im September 1759 bombardierten vor ihren Toren kampierende Briten und Hannoveraner schließlich die Stadt und zerstörten dabei das gesamte Martiniviertel. Überdies setzten Hungersnöte und Seuchen der Bevölkerung hart zu.

Das 18. Jahrhundert brachte einen merklichen Wandel im architektonischen Bild der Stadt mit sich. Vor allem der begüterte Landadel ließ sich prachtvolle Palais errichten, so den Erbdrostenhof, den Romberger Hof, den Kettelerschen Hof, den Oerschen Hof und andere mehr. Aber auch nach außen hin vollzog sich nach der Niederlegung der alten Stadtbefestigung im Jahre 1764 ein merklicher Wandel: Auf dem Wall zwischen den Stadtgräben wurde ein Spazierweg, die Promenade, angelegt.

Die letzten Jahrzehnte der fürstbischöflichen Herrschaft, die zu Beginn des 19. Jahrhunderts endete, standen im Zeichen einer hohen kulturellen Blüte. Bedeutende Philosophen und katholische Theologen gehörten einem schwärmerischen Kreis, der Familia sacra, um die Fürstin Amalia von Gallitzin an, darunter der aus Königsberg stammende Philosoph Johann Georg Hamann. Auch Goethe machte der Fürstin 1792 seine Aufwartung.

Mit dem Tode des letzten Fürstbischofs, des Kölner Kurfürsten Max Franz, im Jahre 1801 – ein Sohn Kaiserin Maria Theresias und Bruder der 1793 hingerichteten Königin Marie Antoinette von Frankreich – war das Schicksal Münsters und des Fürstbistums besiegelt. Im August 1802 rückten preußische Truppen unter dem späteren Feldmarschall Blücher in die Stadt ein und vereinnahmten weite Gebiete rings um Münster für ihren König. Die neuen „Herren" wurden frostig empfangen, den Preußen eilte ohnehin kein guter Ruf voraus. Die Bevölkerung fürchtete sich vor hohen Steuern und dem bisher nicht gekannten Militärdienst. Überdies konnte man sich als katholische Stadt kaum mit den protestantischen Preußen anfreunden.

Stadtwache und Rathaus in Münster (Ausschnitt),
Gemälde von Cornelis Springer, 1872.

Zur hellen Freude der Münsteraner blieben die Preußen jedoch nicht lange. Nach der vernichtenden Niederlage gegen die französische Armee bei Jena und Auerstedt verließen sie 1806 überstürzt ihre westlichen Territorien. Die zunächst als Befreier begrüßten Franzosen verscherzten sich jedoch alsbald durch hohe Steuern alle Sympathien. Trotz positiver Neuerungen, etwa auf dem Gebiet der bürgerlichen Freiheiten (Code Napoleon), waren die Münsteraner froh, die napoleonische Verwaltung nach der Niederlage des großen Korsen zur Jahreswende 1813/14 wieder los zu sein.

Abermals zogen preußische Truppen in Münster ein und nahmen die Stadt für ihren König in Besitz. Auf dem Wiener Kongress im Jahre 1815 waren die Rheinlande und Westfalen definitiv an Preußen gefallen. Münster, zur Hauptstadt von Westfalen berufen, wurde Sitz höchster Verwaltungsbehörden der neuen Provinz. Daneben beherbergte die Stadt noch die Kommandobehörden eines großen Armeekorps. Münster zählte damals 18000 Einwohner und war die größte Stadt Westfalens. Obwohl mit der Gründung des Landes Nordrhein-Westfalen im Jahre 1946 die Rolle als Provinzialhauptstadt hinfällig geworden war, verblieben hier nach wie vor zahlreiche Zentralbehörden, deren Verwaltungskompetenz sich auf den Bereich der alten Provinz Westfalen erstreckt.

Der Stadt und ihrer Bevölkerung, die in fürstbischöflicher Zeit immer in der Angst lebte, von fremden Mächten besetzt zu werden, ging es, so gesehen, gut. Preußens Wacht am Rhein schützte auch Westfalen. Bis 1945 hat kein fremder Soldat westfälischen Boden betreten. Trotzdem blieb das Verhältnis zwischen den preußischen Verwaltungsbeamten und Offizieren auf der einen und den Münsteranern auf der anderen Seite unterkühlt. Die Beziehungen hingen wesentlich davon ab, in welchem Verhältnis der preußische Staat zur katholischen Kirche stand. War dieses in den fünfziger und sechziger Jahren weitgehend frei von Problemen, so änderte sich das mit Ausbruch des Kulturkampfes 1872 schlagartig. Als Bismarck zu Beginn der siebziger Jahre die katholische Kirche Preußens fast an den Rand des Abgrunds drängte und mehrere preußische Bischöfe, darunter auch der Münsters, im Gefängnis saßen und für abgesetzt erklärt wurden, hatte das Verhältnis einen Tiefpunkt erreicht. Erst mit dem Ende dieser Auseinandersetzungen und dann verstärkt nach dem Sturz Bismarcks 1890 setzte eine merkliche Verbesserung des Verhältnisses ein. Im Jahrzehnt vor Ausbruch des Ersten Weltkriegs waren aus den Münsteranern längst loyale Staatsbürger geworden, die sich mit der Politik Kaiser Wilhelms II., der sich hier großer Beliebtheit erfreute, identifizierten.

Zu dieser Zeit trat Münster endgültig aus dem Schatten seiner Vergangenheit. Die Stadt wuchs nun über den Promenadenring hinaus, und es entstanden neue Wohnviertel. 1914 wurden erstmals über 100 000 Einwohner gezählt. Der Ausbau des Schienennetzes von und nach Münster, vor allem aber der Bau des Dortmund-Ems-Kanals, hatte eine erhebliche Ausweitung von Handel und Industrie zur Folge. Zahlreiche ehedem kleinere Firmen expandierten und schufen neue Arbeitsplätze.

Auch im Wissenschaftsbereich spielte die westfälische Metropole nun eine Rolle, 1902 erlangte Münster wieder den Status einer Universitätsstadt. Die 1780 gegründete Hochschule, die bereits 1818 geschlossen und seither lediglich als philosophisch-theologische Akademie weitergeführt wurde, erfuhr eine bedeutende Aufwertung. 1907 erhielt die erste Hochschule der Provinz den Namen des regierenden Kaisers und hieß fortan Westfälische Wilhelms-Universität.

Die für die Stadt positive Entwicklung wurde durch den Ausbruch des Ersten Weltkriegs jäh gestoppt. Nach der Niederlage 1918

Ansicht des Prinzipalmarktes mit Lambertikirche von 1864.

trafen die politischen und wirtschaftlichen Folgen die Bevölkerung
hart. Gemessen an der Einwohnerzahl hatte die Stadt bis dahin zu
den größten Garnisonen des Deutschen Reichs gezählt. Die Umstel-
lung der Kriegs- auf die Friedenswirtschaft vernichtete viele Arbeitsplätze. Überdies machten sich die Auswirkungen der Ruhrbesetzung
von 1923 in der westfälischen Provinzialhauptstadt negativ be-
merkbar. Tausende ausgewiesene Beamten fanden hier erst einmal
Zuflucht. Um der allgemeinen Not Herr zu werden, wurden größere
Arbeitsbeschaffungsmaßnahmen eingeleitet. So entstanden gleich
mehrere Wohnsiedlungen und Ende der zwanziger Jahre, allerdings

25

aus anderem Anlass, auch ein Teil des Aasees. Die Besetzung weiterer Gebiete des Rheinlands hatte übrigens dazu geführt, dass 1924 der Westdeutsche Rundfunk in Münster gegründet wurde. Da ein Sendebetrieb im von Frankreich besetzten Köln nicht möglich war, nahm dieser zunächst in der westfälischen Metropole seine Arbeit auf.

In den schwierigen Jahre von 1920 bis 1933 stagnierte die wirtschaftliche Entwicklung der Stadt weitgehend. Dortmund hatte Münster in mancher Hinsicht überholt, erinnert sei nur an den Bau der gigantischen Westfalenhalle, und beanspruchte mehr und mehr den Rang einer westfälischen Metropole. Auch gegenüber Paderborn hatte man das Nachsehen, als die ostwestfälische Stadt und nicht Münster zum Sitz eines Erzbistums erhoben wurde. Und trotzdem hatte Münster Glück, als 1929 die Weltwirtschaftskrise ausbrach. Von deren Folgen wurde die Bevölkerung zwar erheblich in Mitleidenschaft gezogen, jedoch nicht in einem solchen Ausmaß wie in reinen Industriestädten. Auf Grund des hohen Anteils von Angestellten und Beamten, die nicht entlassen wurden und über ein zwar eingeschränktes, aber regelmäßiges Einkommen verfügten, kam die Stadt verhältnismäßig glimpflich davon.

Trotzdem zeichneten sich auch hier schon die Schattenrisse des politischen Umbruchs ab. Obwohl die Hitler-Partei bis zum Ausbruch der Weltwirtschaftskrise im politischen Leben Münsters keine Rolle spielte, gewann sie danach mehr und mehr an Boden. Ihr Stimmenanteil lag hier jedoch stets weit unter dem Reichsdurchschnitt. In der Stadt wählten die meisten Einwohner nach wie vor die katholische Zentrumspartei, deren prominentestes Mitglied, der aus Münster stammende Heinrich Brüning, von 1930 bis 1932 Reichskanzler war.

Nach der so genannten Machtergreifung Hitlers setzten sich in Münster dessen Parteigenossen an den Schaltstellen der Macht rasch durch. Im Gefüge der NSDAP nahm die „Hauptstadt des Gaues Westfalen-Nord" eine zentrale Stellung ein. Wenn es nach den Plänen der neuen Machthaber gegangen wäre, hätte das Stadtbild Münsters bald andere Formen angenommen. Die von Hitler persönlich gebilligten Pläne zum Ausbau der „Gauhauptstadt" wurden indes nur in Ansätzen verwirklicht. Der Kriegsausbruch 1939 machte alle Planungen zunichte. Gedacht war unter anderem an ein gigantisches Parteiforum am Aasee.

In der Zeit des so genannten Dritten Reiches machte Münster indes auf ganz andere Art Schlagzeilen. Der 1933 zum Bischof von Münster ernannte Clemens August Graf von Galen bekannte sich öffentlich zu seiner Ablehnung des Nationalsozialismus. Wieder-

Kiepenkerl-Denkmal inmitten einer Trümmerlandschaft, 1943/44.

holt prangerte er Weltanschauung und die Menschenverachtung des Hitler-Staates an. Besonderes Gewicht erlangten seine 1941 gehaltenen Predigten gegen die Euthanasie und den Terror der Geheimen Staatspolizei gegen Ordensleute. An den mutigen und populären Bischof wagten sich aber selbst die Nationalsozialisten nicht heran, die nach einer Aussage von Propagandaminister Goebbels die Abrechnung mit Galen nach dem „Endsieg" vornehmen wollten. Galen wurde Anfang 1946, nicht zuletzt auf Grund seiner damaligen aufrechten Haltung, ins Kardinalskollegium berufen. Am 22. März desselben Jahres starb er kurz nach seiner Rückkehr aus Rom an einer verschleppten Krankheit.

Als 1940 die ersten Bomben auf Münster fielen, war die Bevölkerung darauf überhaupt nicht vorbereitet. Von den damals rund 140000 Einwohnern konnten lediglich etwa 6000 in Luftschutzbunkern Unterschlupf finden. Dabei hätten die Behörden ahnen müssen, dass die strategisch wichtigen Bahnlinien nach Emden und nach Hamburg sowie der Dortmund-Ems-Kanal das Ziel alliierter Zerstörung sein würden.

Insgesamt wurden 102 Angriffe auf Münster geflogen. Trauriger Höhepunkt des Bombenkrieges war der Tagesangriff vom 10. Oktober 1943, der erste auf eine deutsche Großstadt. Im Vertrauen auf die Einsatzbereitschaft der eigenen Luftabwehr hatte sich kaum jemand ein solch gewagtes Unternehmen der Amerikaner und Engländer vorstellen können. 670 Menschen verloren dabei ihr Leben, weite Teile der Innenstadt wurden zerstört. Der letzte große Angriff ereignete sich am 25. März 1945. Münster erhielt seinen Gnadenstoß. Am 3. April rückten amerikanische und britische Truppen in die Stadt ein. In ihren Mauern lebten nur noch wenige Menschen. Geschätzte Trümmermenge: zweieinhalb Millionen Kubikmeter.

Das Ausmaß der Zerstörung war so gewaltig, dass man seitens der Stadtverwaltung 1945 daran dachte, Münster an anderer Stelle neu zu errichten. Doch dazu kam es Gott sei Dank nicht. Die Behörden machten auch nicht den Fehler, den Wiederaufbau gleichsam ohne Gesamtplanung in die Wege zu leiten. Fachleute waren sich frühzeitig darüber einig, den historischen Kern Münsters nicht originalgetreu zu restaurieren, sondern ihn in Anlehnung an historische Vorbilder neu zu gestalten. Sichtbarstes Ergebnis ist der Wiederaufbau des Prinzipalmarktes, von dem lediglich ein einziges Haus den Krieg unbeschadet überdauert hatte. Sechs Jahre danach war Münsters Prachtstraße wieder aufgebaut. Das historische Rathaus wurde aber erst 1958 fertig gestellt. Der Bau, der sich von seinem mittelalterlichen Original kaum unterscheidet, verdankt sein Wiedererstehen einer Initiative der münsterischen Kaufmannschaft, die auch größtenteils die finanziellen Mittel aufbrachte.

Bis weit in die fünfziger Jahre hinein wurde an der Wiedererrichtung der Innenstadt gebaut. Vieles erstrahlte bald wieder im alten Glanz, doch verschwanden eine ganze Reihe historisch bedeutsamer Bauten aus dem ehedem altvertrauten Stadtbild, darunter die meisten der stark zerstörten Adelshöfe. Mitte der sechziger Jahre war der Wiederaufbau im Wesentlichen abgeschlossen. Das architektonische Bild, das die Stadt nach außen hin vermittelte, war durchweg positiv und hob sich von dem anderer Orte wohl tuend ab. Es gab indes auch kritische Stimmen, die manche Lösung als zu engherzig und zu althergebracht empfanden. Der Anziehungspunkt Münster weit über die Region hinaus beweist jedoch, dass der eingeschlagene Weg richtig war.

Zwanzig Jahre später veränderte sich das Stadtbild abermals. Viele der Nachkriegsbauten genügten schon bald nicht mehr den Erfordernissen der Zeit und wurden achtlos abgerissen. Zahlreiche überregional tätige Banken, große Versicherungskonzerne und anderes Dienstleistungsgewerbe zogen an den Rand der Stadt und errichteten hier manch interessantes postmodernes Verwaltungsgebäude.

Münster ist heute nicht mehr der überragende Verwaltungsmittelpunkt Westfalens wie noch zu Beginn der neunziger Jahre. Zwar erfüllen nach wie vor Oberfinanzdirektion, Landesversicherungsanstalt und Landwirtschaftkammer einen gesamtwestfälischen Auftrag, aber die Oberpostdirektion gibt es nach der Privatisierung

Nur Teile der Fassade blieben vom Erbdrostenhof stehen.

des Post- und Telekommunikationswesens nicht mehr, und auch der Landschaftsverband Westfalen-Lippe, Nachfolgeeinrichtung des alten preußischen Provinzialverbands, hat seine ursprüngliche Struktur und damit regionale Aufgabenbereiche nach einer Verwaltungsreform eingebüßt.

Der im letzten Jahrzehnt des 20. Jahrhunderts einsetzende Strukturwandel hat der Stadt neue, überregional bedeutende Institutionen mit modernen Arbeitsplätzen, unter anderem in der Datenverarbeitung, verschafft. Daneben nahm die Bedeutung Münsters als Industriestandort, etwa im Bereich der chemischen Industrie, zu. Hier hat der größte Lackhersteller Europas seinen Sitz. Es sind jedoch nicht so sehr die großen als vielmehr die mittelständischen Betriebe, die das wirtschaftliche Bild der Stadt prägen. Diese hat im Jahrzehnt seit der Wiedervereinigung nichts unversucht gelassen, neue Betriebe anzusiedeln. Der Abzug zahlreicher Einheiten der briti-

29

Denkmal des Kardinals Clemens August Graf von Galen an der Nordseite des Domplatztes.

schen Streitkräfte ermöglichte es, große, auch stadtnahe Flächen hierzu zur Verfügung zu stellen. Größter Arbeitgeber in der Stadt ist aber die Universität, die mit ihren annähernd 50000 Studenten zu den größten und beliebtesten der Bundesrepublik Deutschland zählt. Das 1983 eingeweihte Großklinikum, dessen Einzugsbereich weit über die Landesgrenzen hinausreicht, gehört zu den modernsten Krankenhäusern Nordrhein-Westfalens. Heute zählt die Stadt über 280000 Einwohner.

Die neunziger Jahre wurden in der Region gerne als das Westfälische Jahrzehnt bezeichnet. Gefeiert wurden der 300. Geburtstag des Architekten Johann Conrad Schlaun und der 200. Geburtstag der Dichterin Annette von Droste-Hülshoff. 1993 beging Münster mit großem Aufwand die Feiern zur Stadtgründung vor 1200 Jahren, und 1998 feierte die Stadt im Beisein fast aller europäischer Staats-

Moderne Architektur in Münster: das Universitätsklinikum.

oberhäupter, die erstmals seit dem Wiener Kongress in derart großer Zahl zusammenkamen, den 350. Jahrestag der Unterzeichnung des Westfälischen Friedens von 1648. Als Stadt dieses für die europäische Geschichte so wichtigen und nachhaltigen Vertrags ist Münster jedermann ein Begriff.

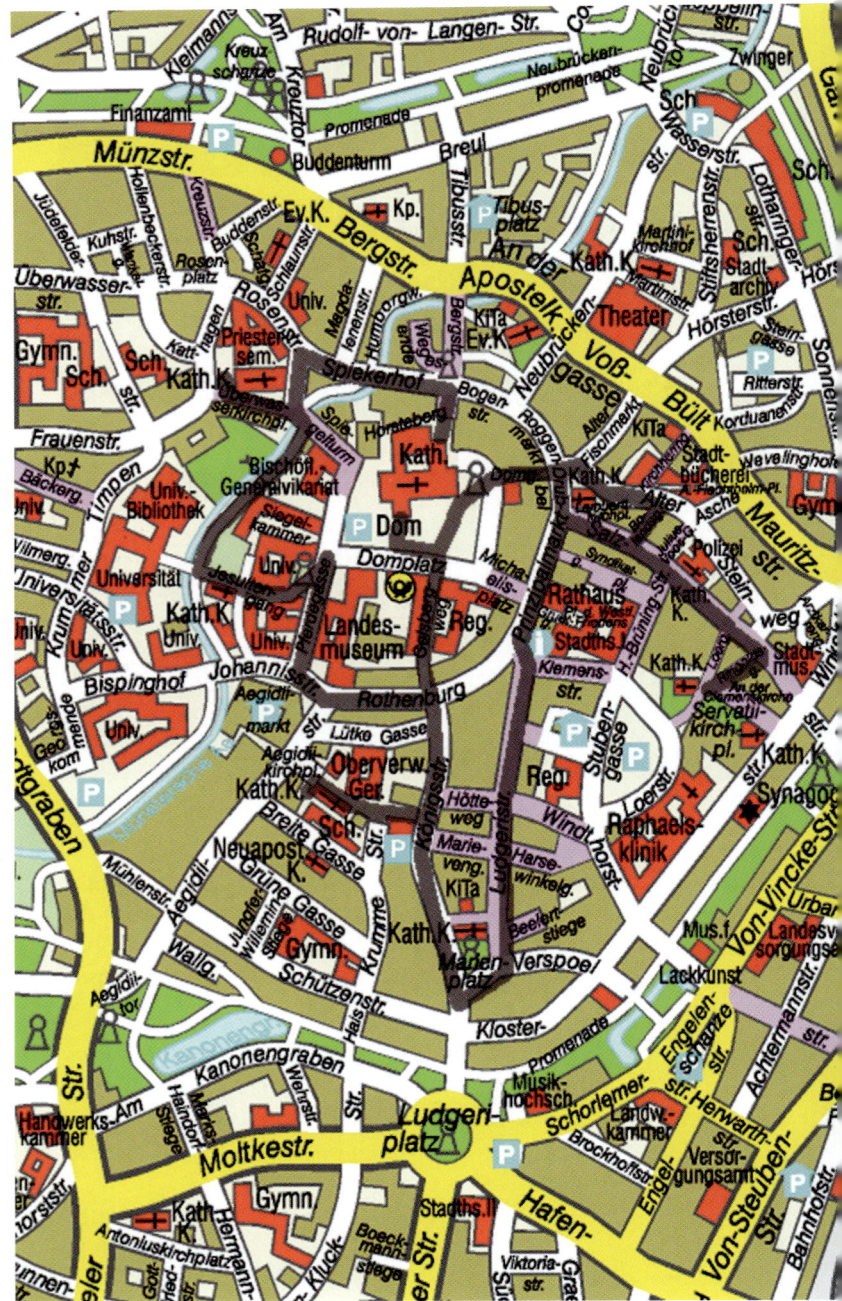

Stadtrundgang
Die Altstadt

Domplatz • **Bischöfliches Palais** • **Dompropstei**
St.-Paulus-Dom • **Domkammer** • **Kiepenkerl-Denkmal**
Überwasserkirche • **Aa-Uferpromenade** • **St.-Petri-Kirche**
Westfälisches Landesmuseum für Kunst
und Kulturgeschichte • **Geologisch-Paläontologisches Museum**
Patrizierhaus von 1583 • **Königsstraße** • **Picasso-Museum**
Aegidiikirche • **Ludgerikirche** • **Prinzipalmarkt** • **Stadt-**
weinhaus • **Rathaus** • **Lambertikirche** • **Krameramtshaus**
Dominikanerkirche • **Erbdrostenhof** • **Clemenskirche**

Einen Rundgang durch Münsters Innenstadt sollte man am bestem an
ihrem Ursprung, dem **Domplatz**, beginnen. Hier hatte 793 der von Karl
dem Großen entsandte friesische Missionar Liudger ein Kloster errichtet, von dem aus die Christianisierung des Münsterlandes erfolgte. Von
der lateinischen Bezeichnung Kloster (= Monasterium) wurde dann
später auch der Name Münsters abgeleitet.

Der Domplatz, auf dem zweimal wöchentlich (mittwochs und
samstags) der Markt stattfindet, wird auf der Südseite vom modernen Gebäude des Regierungspräsidiums, vom Westfälischen Landesmuseum für Kunst und Kulturgeschichte sowie von der Universität, dem Fürstenberghaus, eingegrenzt.

Westlich des Doms liegen das **Bischöfliche Palais** und die **Dom-**
propstei, letztere Kettelersche Doppelkurie genannt, aus dem frühen 18. Jahrhundert. Die für jene Zeit typischen Dreiflügelanlagen
mit Hauptbau (Corps de Logis), zwei niedrigeren Seitenflügeln
(Communs) und einem durch ein Gitter abgetrennten Ehrenhof ori-
entierten sich in ihrer architektonischen Formensprache maßgeb-
lich an Vorbildern des niederländischen Barock. Bei der
Kettelerschen Kurie handelt es sich um ein Doppelhaus mit zwei
parallelen Eingängen. Betont wird der Hauptbau ebenso wie der des
Bischöflichen Palais durch einen Mittelrisalit.

Beherrscht wird der Platz jedoch von dem größten westfälischen
Sakralbau, dem von 1225 bis 1264 erbauten **Dom**. Schon Liudger,
der 805 zum ersten Bischof von Münster geweiht wurde, ließ einen
ersten Dom innerhalb der von nur 700 Personen bewohnten Domburg errichten. Der heutige ist schon der dritte an dieser Stelle.

Der St.-Paulus-Dom wurde im 13. Jahrhundert errichtet.

Dom und Bischöfliches Palais, dahinter die Überwasserkirche.

Wir betreten die Kirche durch den Haupteingang vom Domplatz aus und kommen in das **Paradies**, das sein heutiges Aussehen im frühen 16. Jahrhundert erhielt. Paradies wurden diese Vorhallen großer Kirchen vermutlich deshalb genannt, weil sie dem eigentlichen Gotteshaus vorangestellt waren. Die Gläubigen sahen darin ein Symbol des Himmels, die Vorhalle als Ort der „irdischen Glückseligkeiten", die den himmlischen vorausgingen. Deren Ausschmückung bezieht sich deshalb auf Ereignisse und Gestalten, die den Himmel vorbereiten oder aufschließen. Über dem Haupteingang ist ein so

Apostelfiguren im Paradies des Doms.

genanntes Weltgerichtsportal zu sehen. Über den Aposteln – aus
Platzmangel sind hier nicht zwölf dargestellt – thront Christus als
Weltenrichter, als Majestas Domini, eine verbreitete Darstellungs-
form an Hauptportalen mittelalterlicher Kirchen. In der Mitte ist
eine Skulptur des Schutzpatrons des Doms und des Bistums Münster zu erkennen: der 1536 von Johann Brabender geschaffene Apos-
tel Paulus mit seinen Attributen Buch und Schwert in der Hand; das
Schwert weist auf die Art seines Todes durch Enthauptung hin.

Links und rechts von den Apostelfiguren, die in der Zeit um
1225/30 entstanden sind, befinden sich noch zwei weitere Statuen-
paare, fraglos die bedeutendsten Beiträge Westfalens zur Kunst der
staufischen Zeit: Auf der Ostseite (rechts) ist Bischof Dietrich von
Isenburg (reg. 1218-1226), der die Grundsteinlegung des heutigen
Doms veranlasste, zu sehen. Ihm zur Seite steht der heilige Laurenti-
us mit einem Rost, Hinweis auf seinen Tod im Feuer. Auf der anderen
Seite ist ebenfalls eine Heilige dargestellt, die heilige Magdalena,
und daneben ein unbekannter Ritter mit Schwert. Es könnte sich um
den heiligen Theodor, Patron und Namensheiligen Bischof
Dietrichs, handeln, oder gar um Graf Gottfried von Cappenberg, dem
die Zerstörung des Doms von 1121 zur Last gelegt wurde.

Im Paradies am Dom hängen zugleich einige Fotos, die die
schreckliche Zerstörung der Kirche im Zweiten Weltkrieg zeigen.
Auf ihnen sind noch die Reste der Wand- und Deckenmalereien zu
erkennen, die nach 1945 nicht wiederhergestellt wurden.

Wir betreten nun das **Innere des Doms**, dessen Grundstein 1225 gelegt wurde. Sein eindrucksvoller spätromanischer Stil galt aber Anfang des 13. Jahrhunderts nicht mehr als zeitgemäß, denn anderenorts hatte sich schon die Gotik durchgesetzt. Mit Notre-Dame in Paris wurde beispielsweise 1163 begonnen, mit dem Kölner Dom 1248 oder mit der Marburger Elisabethkirche 1235. Die Basilikaform, die Rundbögen der Fenster (im oberen Mittelschiff), so genannte Blendbögen (im Westchor), aber auch die wuchtigen Türme sind typische Merkmale der Romanik. Deutlich lässt sich allerdings schon die Verwendung gotischer Stilelemente nachweisen, beispielsweise die Andeutung der für gotische Kirchen typischen Hallenbauweise, wodurch die romanische Basilikaform überspielt wurde. Nicht zuletzt dadurch erhält der münsterische Dom sein so typisch westfälisches Gewand, ein prägnantes Beispiel für eine „basilikale Hallenkirche".

Wenden wir unseren Blick von der Christophorus-Figur (links) in das **Westwerk**, den ältesten Teil des Doms, so fällt hier das moderne, **romanisierende Fenster** von Ewald Mataré auf. An dieser Stelle befand sich vor der Zerstörung im Zweiten Weltkrieg der Haupteingang – ein großes gotisches Portal, das nicht wieder aufgebaut wurde.

Im Westchor steht heute der ehemalige **barocke Hochaltar**, der bis zur Zerstörung im Hochchor seinen Platz hatte, ein Werk des bekannten Bildhauers Gerhard Gröninger aus den Jahren 1619 bis 1622. Das hier aufgestellte Chorgestühl stammt aus dem 16. Jahrhundert. Vor beziehungsweise unter dem Altar befindet sich seit 1946 die Grablege der Bischöfe.

Wir gehen nun auf den 1956 zur Wiedereröffnung des Doms eingeweihten **Hochaltar** mit seinen vierzehn vergoldeten Reliquienstatuen aus dem 14. Jahrhundert zu. Diese zählen zu den bedeutendsten spätgotischen Statuenzyklen deutscher Kunst. Über dem Altar hängt das große Triumphkreuz aus dem 12. Jahrhundert, dahinter der Kronleuchter aus Bronze. Zusammen mit seinen Kerzen wiegt er über sieben Zentner. An den Vierungspfeilern sind Sandsteinskulpturen (um 1240/50) der vier Evangelisten angebracht.

Wir wenden uns nach rechts und betreten den im 17. Jahrhundert an den Dom angebauten **Grabkapellenkranz**. Zunächst sehen wir jedoch links die **astronomische Uhr**. Das im Jahre 1540 fertig gestellte Meisterwerk des Mathematikers und Buchdruckers Dietrich Tzwyvel, des Minoriten und Dompredigers Johannes von Aachen und des Schmieds Nikolaus Windemaker kann sich durchaus mit der Uhr im Straßburger Münster vergleichen. Die kunstvollen Malerei-

Blick zum Hochaltar des Doms.

en werden Ludger tom Ring d. Ä. – die tom Rings waren im 16. Jahrhundert eine bekannte münsterische Malerfamilie – zugeschrieben.

Die astronomische Uhr weist wie andere Kunstuhren des 14. und 15. Jahrhunderts eine klassische Dreiteilung auf: Umlauf der Könige, Astrolabium und Kalender. Für den Besucher ist es allerdings schwierig, die Uhrzeit abzulesen, obwohl sie heute noch exakt läuft. Die Gründe dafür liegen zum einen darin, dass das Zifferblatt nicht nur die Stunden des Tages, sondern auch die Nachtstunden verzeich-

Die astronomische Uhr entstand um 1540.

net, also zweimal die römischen Ziffern 1 bis 12 aufweist; zum anderen bewegt sich der große rechteckige Zeiger, der die Stunden angibt, für uns heute genau im Gegenuhrzeigersinn. Dieser Zeiger, an dem sich auch die Sonne befindet, soll nämlich gleichzeitig den Verlauf der Sonne am Himmel abbilden. Am rechten Rand der Uhr wird die Himmelsrichtung oriens (= Osten) angegeben. Oberhalb des Zifferblattes befindet sich die Bezeichnung meridies (= Süden); hier steht der Zeiger der Uhr, wenn die Sonne ihren höchsten Stand erreicht hat, also mittags um 12 Uhr. Wenn der Verlauf der Sonne mit dem rechteckigen Zeiger wiedergegeben werden soll, dann bewegt sich dieser genau im Gegenuhrzeigersinn. An den vier mal fünfzehn kleinen farbigen Strichen am unteren Rand des Zifferblattes, die mit „Horaru(m) minutae" bezeichnet sind, können die Minuten abgelesen werden.

Unter dem Zifferblatt der Uhr ist das so genannte Kalendarium zu sehen. Die in der Mitte des Kalendariums angebrachte Paulusfigur richtet ihren Zeiger auf das jeweilige Jahr im äußeren Ring. Dargestellt sind hier die Jahre von 1540 bis 2071. Der kleine Herold links zeigt auf den jeweiligen Tag. In der Mitte befinden sich zwölf Monatsbildchen, auf denen – und das ist das Interessante – typische Szenen aus dem münsterischen Alltagsleben des 16. Jahrhunderts abgebildet sind. An den verschiedenen Ringen des Kalendariums kann man die Sonntagsbuchstaben, die Goldenen Zahlen und Festtage der katholischen Kirche ablesen – alle, selbst die beweglichen Festtage, sind schon 1540 bis für das Jahr 2071 vorausberechnet worden.

Gehen wir weiter in den Grabkapellenkranz hinein, treffen wir auf das Grab des Kardinals **Clemens August Graf von Galen**. Der in der Ludgeruskapelle beigesetzte Galen machte sich vor allem durch

Grabkapelle des Kardinals Graf von Galen.

seine Aufsehen erregenden Predigten, die er 1941 in der Lamberti-
und der Überwasserkirche in Münster hielt, einen Namen weit über
die Grenzen Deutschlands hinaus. Besonders heftig kritisierte er die
Verfolgung der Geistlichen durch den NS-Staat und das nationalsozialistische Euthanasieprogramm. Er setzte damit sein eigenes Leben aufs Spiel. Auf Grund seines mutigen Auftretens gegen das
Unrechtsregime wurde Bischof Galen 1946 vom Papst in das Kardinalskollegium berufen. Der „Löwe von Münster", wie er auch genannt wird, starb wenig später vollkommen überraschend an einer
verschleppten Krankheit.

Aus Anlass des Besuchs von Papst Johannes Paul II. 1987 in
Münster erhielt die Grabkapelle ein neues Aussehen. Das Kreuz
hängt nicht, wie üblich, über dem Altar, sondern ist in den beiden
Steinblöcken des Altars eingespannt. Auf der bronzenen Grabplatte
ist das Wappen der Galenschen Familie zu sehen. Davor ist die Stelle
gekennzeichnet, an der Papst Johannes Paul II. am 1. Mai jenes Jahre
betete. Unterschrift samt Wappen des Papstes sind hier in Bronze
festgehalten.

41

Das volkstümliche Kiepenkerl-Denkmal.

In einer der sich anschließenden Grabkapellen steht das von Johann Mauritz Gröninger aus weißem und schwarzem Marmor noch zu dessen Lebzeiten geschaffene prachtvolle **Prunkepitaph** des Fürstbischofs **Christoph Bernhard von Galen** (1678/79). Die kniende Bischofsfigur stellt den herausragenden Verfechter des Absolutismus in Nordwestdeutschland dar. Münster ließ er gleich zweimal belagern, bis sich die Stadt ihm endgültig unterwarf. In seine Regierungszeit fiel der Anbau dieser Grabkapellen. Aufmerksamkeit verdienen ferner die von Georg Meistermann entworfenen modernen Fenster des Kapellenkranzes; sie zeigen unter anderem Motive aus dem „Lobgesang der drei Jünglinge im Feuerofen" (Buch Daniel, Kapitel 3).

Wer den Dom auf der Nordseite verlässt, kommt in den **Kreuzgang**, der den Domherrenfriedhof umschließt. Hier befindet sich der Eingang zur **Domkammer** mit ihren zahlreichen bedeutenden sakralen Kunstschätzen aus der Geschichte des Bistums, darunter das Kapitelkreuz und das goldene Kopfreliquiar des heiligen Paulus aus dem 11. Jahrhundert.

Wir verlassen den Dom auf der Nordseite und gehen nun – vorbei an den Mauerresten des Dom-Klosters aus dem 12. Jahrhundert – die Treppen hinunter zum Spiekerhof. Auf dem kleinen Platz steht das von August Schmiemann geschaffene volkstümliche **Kiepenkerl-Denkmal**, das nach seiner Zerstörung im Zweiten Weltkrieg 1953 originalgetreu wiederhergestellt wurde. Kiepenkerle brachten früher

Die Überwasserkirche mit ihrem charakteristischen Turm.

die Erzeugnisse des Umlandes in ihren großen Tragekörben (Kiepen) in die Stadt und boten sie auf dem Markt und an den Haustüren feil.

Über den Spiekerhof, die Aa kreuzend, erreicht man nun die **Überwasserkirche** mit ihrem von weitem sichtbaren mächtigen Turm. Die Mitte des 14. Jahrhunderts errichtete Kirche zählt zu den schönsten gotischen Hallenkirchen Westfalens. Der etwas ungewöhnliche Name rührt von der Lage der Kirche, vom Domplatz aus gesehen jenseits der Aa, also „trans aquas", her. Aa bedeutet im Germanischen übrigens „Wasser". Die Überwasserkirche, eigentlich Liebfrauenkirche genannt, gehörte zu einem 1040 gegründeten vornehmen adeligen Damenstift, diente aber auch gleichzeitig als Pfarrkirche für ein über 42 Quadratkilometer großes Gebiet links der Aa. Das Stift entwickelte sich bald zum Kern einer bürgerlichen Siedlung mit eigenem Markt und Gericht. Erst im 13. Jahrhundert wuchs diese mit der rechts der Aa entstandenen Stadt zu einem Gemeinwesen zusammen. 1773 erfolgte die Auflösung des Stifts. Dessen großes Vermögen, vor allem der Grundbesitz, wurde zur Finanzierung der Universität Münster herangezogen.

Die Überwasserkirche litt wiederholt unter den kriegerischen Auseinandersetzungen um die Stadt. So beseitigten beispielsweise die Täufer 1534 die Turmspitze, um von hier aus bischöfliche Truppen zu beschießen. Auch die Skulpturen am Turm der Kirche entfernten sie achtlos und verwandten diese während der Belagerung zur Verstärkung der Befestigungsanlagen. Erst 1898 hat man die wertvollen Kunstwerke, die sich heute im Westfälischen Landesmuseum befinden, in unmittelbarer Nähe wieder entdeckt. Das Westportal der Kirche schmücken nun Nachschöpfungen aus dem Jahre 1903.

Direkt an der Aabrücke führt eine kleine Treppe hinunter zur **Aa-Uferpromenade**. Auf einer Strecke von etwa 10 Kilometer Länge schlängelt sich dieser kleine Fluss durch die Stadt. Wir folgen dem Weg in Richtung Süden und gelangen nach wenigen Metern zu Einrichtungen der Universität (links die Katholisch-Theologische und die Philosophische Fakultät). Auf der gegenüberliegenden Seite der Aa liegt die **Universitäts- und Landesbibliothek**, die mehr als zwei Millionen Bände – das sind fast 52 Kilometer Bücher – zur Benutzung bereithält und zu den bedeutenden deutschen Hochschulbibliotheken gehört. Daneben befindet sich das **Juridicum**, Zentrum der großen juristischen Fakultät, das in den Jahren 1952 bis 1955 von dem bekannten Architekten Hans Malwitz errichtet wurde.

Auf dem diesseitigen Ufer der Aa steht die einst zum Jesuitenkolleg gehörende **St.-Petri-Kirche**, eine dreischiffige Emporenbasilika, deren gotischer Stil als bewusste Anknüpfung an die vorreformatorische Kirche gewählt wurde. Die Baupläne gehen auf den Münsteraner Johann Roßkott zurück. Altäre und Apostelfiguren stammen von Johann Kroeß. Nur wenige Bauteile, beispielsweise die Portale, zeigen Formen der Renaissance. Der kurze, übersichtliche Innenraum der Kirche ist durch ein hohes Mittelschiff mit niedrigen Seitenschiffen geprägt. Die Petrikirche, heute Schulkirche des traditionsreichen Gymnasiums Paulinum, entstand von 1590 bis 1597 und war die erste Jesuitenkirche in der niederrheinischen Ordensprovinz. Nach dem Zweiten Weltkrieg wurde das zu achtzig Prozent zerstörte Gotteshaus nach alten Bauplänen wieder aufgebaut und 1957 eingeweiht.

Über die Treppe des **Jesuitengangs** erreichen wir alsbald wieder den Domplatz. Vor dem Hauptgebäude der Philosophischen Fakultät, dem Fürstenberghaus, steht das **Denkmal** des Universitätsgründers Freiherr Franz von Fürstenberg (1729-1810). Fürstenberg,

*Freiherr Franz von Fürstenberg, Gründer der ersten
münsterischen Universität.*

der von 1762 bis 1780 das Fürstbistum Münster als „Statthalter" des
Bischofs selbstständig regierte, zählt zu den herausragenden Staats-
männern der „katholischen Aufklärung" Deutschlands. Sein Ziel war
es, in seinem Herrschaftsbereich staatliche Reformen und kirchliche
Tradition miteinander zu verbinden. Im Mittelpunkt des Fürsten-
bergschen Reformwerks stand jedoch die Bildungspolitik. Als seine
bedeutendste Leistung wird die Gründung der hiesigen Universität
angesehen. Zu seiner Zeit avancierte Münster zum Anziehungspunkt
zahlreicher Theologen, Dichter und Denker, darunter Friedrich Leo-
pold Graf zu Stolberg und der Königsberger Philosoph Johann Georg Hamann. Um Fürstenberg und die Fürstin Amalia von Gallitzin
bildete sich zudem ein gelehrter Kreis, die „Familia Sacra" (heilige
Familie). 1792 stattete sogar Goethe der Fürstin einen Besuch ab.

Lichthof des Westfälischen Landesmuseums für Kunst und Kulturgeschichte.

Vor uns liegt nun das Gebäude des **Westfälischen Landesmuseums für Kunst und Kulturgeschichte**, eines der großen Kunstmuseen Deutschlands. Sammlungsschwerpunkte liegen in der altwestfälischen Kunst (Konrad von Soest, Meister von Schöppingen, Johann Koerbecke, Meister von Liesborn und die Malerfamilie tom Ring) und in der Kunst des 20. Jahrhunderts. Besonders zu erwähnen sind die Werke des Expressionismus und der geometrischen Abstraktion (Macke, Morgner, Rohlfs, Böckstiegl, Albers, Winter). Mittelalterliche Skulpturen, Westfälische Landesgeschichte, Kulturgeschichte und Gemälde des 17. bis 19. Jahrhunderts zählen zu den weiteren Glanzpunkten des in den letzten Jahren grundlegend modernisierten Hauses.

Oberhalb des Eingangs am Domplatz befindet sich eine Metallskulptur des in Westfalen geborenen, später in New Haven, Connecticut, lehrenden Künstlers Josef Albers (1888–1976). Bei genauem Hinsehen werden die optischen Täuschungen, die der Künstler durch die Linienführung erreichte, deutlich. An der Südseite des Museums ist die von Otto Piene 1970/71 entworfene „Silberne Frequenz" angebracht, eine aus Aluminiumkugeln bestehende Wand-Licht-Plastik, welche auf ein untergelegtes Stahlgitter gesetzt wurde. Nachts leuchten die in die Kugeln eingesetzten Glühbirnen in einem bestimmten Rhythmus auf, so dass beeindruckende Lichteffekte entstehen.

An der Pferdegasse gegenüber dem Landesmuseum liegt die von Gottfried Laurenz Pictorius 1703 bis 1707 errichtete Landsbergsche

Kurie, die heute das **Geologisch-Paläonto-logische Museum** beherbergt. Zu sehen ist hier unter anderem ein fast vollständiges Skelett eines Mammuts, das 1910 in der Nähe von Ahlen gefunden wurde.

Wir verlassen nun die einstige Domfreiheit über die Pferdegasse, an deren Ende sich linker Hand das Westfälische Museum für Archäologie mit seiner umfangreichen erdgeschichtlichen Sammlung befindet, und wenden uns der Bürgersiedlung zu. Am Aegidiimarkt gehen wir nun links die Rothenburg

Patrizierhaus von 1583 an der Rothenburg.

hinunter. Einen Blickfang stellt das in Renaissanceformen errichtete **Patrizierhaus von 1583** an der Rothenburg (Nr. 44) unmittelbar im Einmündungsbereich der Königsstraße dar. Nur die Fassade aus rotem Backstein, untergliedert durch Sandsteinzierformen, ist nach einem Umbau zum Geschäftshaus im Originalzustand erhalten geblieben. Daneben befindet sich ein bemerkenswertes Kaufmannshaus mit Sandsteinfassade aus dem 18. Jahrhundert.

Bevor wir weiter zum Prinzipalmarkt gehen, machen wir einen Abstecher in die **Königsstraße**. Dort standen bis zum Zweiten Weltkrieg zehn prächtig ausgestattete Adelshöfe, von denen heute nur noch wenige erhalten sind. Der einzige im Stil des Klassizismus erbaute Adelspalast ist der von Clemens August Vagedes von 1784 bis 1788 errichtete Druffelsche Hof (Königsstraße 5), heute im Besitz der Sparkasse Münster. Dort ist die bedeutendste Sammlung des grafischen Werks des weltbekannten spanischen Malers Pablo Picasso zu sehen. Auf der schräg gegenüberliegenden Seite steht der älteste noch erhaltene Adelspalast in Münster, der Heeremansche Hof, inzwischen ein Teil des nahe gelegenen Oberverwaltungsge-

47

Der Heeremansche Hof mit seiner Renaissancefassade beherbergt heute das Oberverwaltungsgericht.

richts (Königsstr. 47). Seine bedeutende Renaissancefassade wurde 1546 von Hermann tom Ring entworfen. Geht man durch die kleine, am Heeremanschen Hof entlangführende Gasse, kommt man zur **Aegidiikirche**, einer von Johann Conrad Schlaun für den Kapuzinerorden entworfenen kleinen Saalkirche, die 1728 geweiht wurde. Die Malereien im Kircheninnern im Stil der Nazarener stammen von Edward von Steinle aus den Jahren 1855 bis 1857.

Wir gehen zurück zur Königsstraße und wenden uns den weiteren Adelspalästen zu. Neben dem Heeremanschen Hof befinden sich Überreste des Beverfoerder Hofes (Königsstraße 46), von dem nur ein Seitenflügel erhalten ist. Nicht zerstört wurde im Zweiten Weltkrieg der 1700 bis 1703 erbaute Oersche Hof (Königsstraße 42), jetzt im Besitz der Commerzbank; er gehört wohl zu den schönsten Adelshöfen der Stadt.

Am Ende der Königsstraße treffen wir auf die dem ersten Bischof von Münster geweihte **Ludgerikirche**. Um 1170 wurde die zunächst romanische dreischiffige Basilika mit Querschiff und halbrundem Chor erbaut. Sie zählt zu den ältesten münsterländischen Stufen-Hallenkirchen. Nach der Zerstörung durch den Stadtbrand 1383 erhielt die Kirche im 15. Jahrhundert ihr heutiges Aussehen. Auffällig sind der gotische Chor und die drei Türme, ein in dieser Form seltener spätromanischer Vierungsturm sowie zwei Westtürme. Letztere sind erst 1875/76 nach dem Vorbild der Türme von St. Gereon in Köln errichtet worden. Die 1944 fast vollständig zerstörte Kirche wurde Ostern 1961 wieder geweiht. Vor der Ludgerikirche steht die

Die beiden Westtürme der nach 1383 errichteten Ludgerikirche wurden im 19. Jahrhundert hinzugefügt.

dem Münchener Vorbild von Hubert Gerhard nachempfundene neobarocke **Mariensäule**.

Durch die Ludgeristraße (Fußgängerzone), die auf den Marienplatz mündet, gehen wir nun in Richtung Prinzipalmarkt. Münsters „Gute Stube" wird der **Prinzipalmarkt**, die bedeutendste und schönste Straße der Stadt, oft und wohl auch zu Recht genannt. Besonders bei abendlicher Beleuchtung der Giebel wirkt der Markt wie ein festlicher Saal im Freien. Tagsüber herrscht hier nicht nur auf Grund der attraktiven Geschäfte reges Treiben. Unter den Bögen treffen sich Münsteraner und Touristen. Nahe gelegene Gaststätten und Kaffeehäuser laden zum Verweilen ein.

Am Rande der Domburg hatten sich vermutlich schon um die Jahrtausendwende Kaufleute und Händler niedergelassen. Im 12. Jahrhundert siedelten diese dann im Bereich des heutigen Prinzipalmarktes und errichteten feste Häuser. Unter den für Münsters Prachtstraße so charakteristischen Arkaden boten sie ihre Waren feil. Die Bogengänge schützten Verkäufer und Käufer aber nicht nur vor Regen und Schnee, die Kaufleute nahmen hierdurch auch die Gelegenheit zur Vergrößerung ihres Besitzes wahr. Da ein Ausbau der an die Domimmunität angrenzenden Häuser nicht möglich war und es zwischen Bürgern und Bischof schon wiederholt heftigen Streit über den Grenzverlauf der Immunität gegeben hatte, war den Kaufleuten

Der Prinzipalmarkt gehört zu den schönsten Straßenanlagen Deutschlands.

Der Prinzipalmarkt entstand im 12. Jahrhundert.

Der Prinzipalmarkt aus der Vogelschauperspektive.

der Bau dieser Bogen auf den Prinzipalmarkt gestattet worden. Der Bischof ließ daraufhin 1264 entlang der durch den Burggraben verlaufenden Grenze der Domfreiheit die so genannte Immunitätsmauer errichten, von der noch ein Stück an der Rückwand des Café Kleimann gegenüber der Lambertikirche zu sehen ist.

Der Prinzipalmarkt, früher der Hauptmarkt Münsters, wird im Norden beherrscht von der Stadt- und Marktkirche St. Lamberti, im Süden von dem von Alfred Hensen als Pendant zu ihr entworfenen Stadthausturm. Das 1905 bis 1906 im Neorenaissancestil errichtete Stadthaus wurde allerdings bis auf jenen Turm im Zweiten Weltkrieg zerstört.

Die 48 prächtigen Giebel der Kaufmannshäuser faszinieren jeden Betrachter. Für viele ist es kaum vorstellbar, dass der Prinzipalmarkt im Zweiten Weltkrieg fast vollständig zerstört war. Seither trägt er ein gänzlich neues Gesicht, obwohl auch die heutigen Bauten – nur wenige sind originalgetreu wiederhergestellt worden – den Geist vergangener Jahrhunderte atmen. Nach dem Zweiten Weltkrieg entschieden sich die Stadtväter für einen historisierenden Wiederaufbau. Die Giebel der Häuser wurden in Anlehnung an die alten Fassaden stark vereinfacht, zum Teil sogar mit modernen Stilelementen versehen, wieder aufgebaut. Erst jetzt erhielten alle Häuser eine einheitliche Höhe.

Nur geringfügige Veränderungen des Originalzustandes weist der Wiederaufbau des 1615/16 von Johann von Bocholt gestalteten **Stadtweinhauses** auf, wichtigstes Werk der Spätrenaissance am Prinzipalmarkt. Im Mittelalter lagerte hier der städtische Wein, für dessen Verkauf der Rat das Monopol besaß; gleichzeitig beherbergte das Haus die Stadtwaage. Große Bedeutung kam dem vorgebauten so genannten Sentenzbogen zu, von dem aus wichtige amtliche Bekanntmachungen, Rats- und Gerichtsurteile verkündet wurden.

Fast originalgetreu rekonstruiert wurde nach dem Zweiten Weltkrieg das **Rathaus**, dessen prachtvoller Giebel noch heute bürgerliches Selbstbewusstsein und den Stolz der mittelalterlichen Stadt widerspiegelt. Nach dem Zweiten Weltkrieg hatte Münster aber dringendere Probleme als an den Wiederaufbau dieses historischen Hauses zu denken. Durch die Initiative des traditionsreichen Vereins der Kaufmannschaft von 1835 wurde von 1950 bis 1958 schließlich das nötige Geld für den Wiederaufbau des Rathauses durch Spenden und durch Veranstaltung zahlreicher Lotterien aufgebracht. Die Stadt hat hierzu nur vergleichsweise wenig beigetragen.

Erstmals erwähnt wird das Rathaus 1250. Der Marktgiebel, wohl um 1335 entstanden, gehört zu den bedeutendsten Werken goti-

Rathaus mit gotischem Giebel, links daneben das Stadtweinhaus.

scher Profanbaukunst in Europa. Über den vier Spitzbögen erhebt sich das Hauptgeschoss mit den vier großen Maßwerkfenstern des Rathausfestsaales. Darüber erstreckt sich der Treppengiebel mit sieben Staffeln, deren Enden mit figurenbekrönten Fialen geschmückt sind. Der Skulpturenschmuck der Rathausfassade ging jedoch über

Der prachtvolle Giebel des gotischen Rathauses.

den Rahmen reiner Verzierung hinaus. Den Christen des Spätmittelalters erschloss sich bei genauer Betrachtung ein zusammenhängendes theologisches Bildprogramm. Neueren Ansichten zufolge verweist dieses auf die Ankunft des Messias. Die auf den unteren Fialen dargestellten hornblasenden oder spähenden Wächter halten – wie es in der Bibel überliefert ist – nach dem Messias Ausschau. Zu sehen ist hier als erste Stufe die Erwartung der Ankunft Christi. Die alttestamentlichen Propheten Moses und Elija sind auf den mittleren Fialen zu erkennen. Sie sind die Künder des Alten Testaments, die Jesu Kommen voraussagen (Stufe der Verheißung). Mit dem Erscheinen Christi und Marias unter einem himmlischen Baldachin und den vier musizierenden Engeln auf den oberen Fialen ist die Stufe der Erfüllung – das Erscheinen Christi – erreicht. Dargestellt wird Christus mit einer Weltkugel in der Hand; auf die Fürbitte Marias hin segnet er die Stadt. Unter dem himmlischen Schrein ist mit Reichsapfel und Zepter, den typischen Herrscherattributen, wahrscheinlich Karl der Große dargestellt. Er hatte durch die Aussendung des Missionars Liudger die Gründung von Bistum und Stadt veranlasst. Darunter sind das Reichswappen und zwei gold-rot-silberne Stadtwappen zu sehen. Die unteren Säulenkapitelle wurden nach 1945 neu gestaltet. Sie zeigen Darstellungen der Täufer, der Jahreszeiten als Altersstufen der menschlichen Physiognomie und vier Tiere als Symbole der vier Elemente.

Im Erdgeschoss des Rathauses befindet sich der **Friedenssaal**, in dem ein wichtiger Teilvertrag des Westfälischen Friedens beschwo-

Der Friedenssaal im Rathaus ist der „Geburtsort" der modernen Niederlande.

ren wurde. Hier ratifizierten Spanier und Niederländer am 15. Mai 1648 ihren Frieden. Der Maler Gerard Terborch hat diesen geschichtsträchtigen Augenblick in einem berühmten Gemälde, von dem ein Kupferstich im Friedenssaal aufgehängt ist, festgehalten. Das für die Niederlande wichtigste Ergebnis des Westfälischen Friedens bedeutete die Anerkennung ihrer Souveränität nach achtzigjährigem Krieg gegen Spanien. Auch aus dem Heiligen Römischen Reich Deutscher Nation schied das Land aus. „Geburtsort" der modernen Niederlande ist also der Friedenssaal in Münster.

Das umfangreiche Vertragswerk des „Westfälischen Friedens", ausgehandelt von 1644 bis 1648 in Münster und Osnabrück auf dem ersten großen Diplomatenkongress der europäischen Geschichte, beendete den Dreißigjährigen Krieg (1618–1648), schuf den Ausgleich zwischen den christlichen Konfessionen im Deutschen Reich und legte dessen Verfassung für gut 150 Jahre fest. An dieses Vertragswerk erinnern die Porträts der Gesandten der europäischen Herrscher im Friedenssaal, die Bildnisse der drei Souveräne, des deutschen Kaisers Ferdinand III. (obere Wandseite, ganz außen), des spanischen Königs Philipp IV. (obere Wandseite, siebenter von rechts) und des jungen französischen „Sonnenkönigs" Ludwig XIV. (obere Wandseite, vierter von rechts). Ferner sind der Vertreter des Papstes, Fabio Chigi (untere Wandseite, ganz außen), der als Papst Alexander VII. von 1655 bis 1667 regierte und die berühmten Kolonnaden auf dem Platz vor dem Petersdom in Rom bauen ließ, und der Botschaf-

Allegorische Figuren als Fensterverkleidung des Friedenssaals.

ter Venedigs, Alvise Contarini (unter Wandseite, zweiter von rechts), zu sehen. Letztere hatten sich als Vermittler große Verdienste um den Friedensschluss erworben. Da die verfeindeten Mächte nicht direkt miteinander verhandelten, waren sie auf jene beiden Vermittler angewiesen, die die jeweiligen Ansichten den Parteien unterbreiteten. Daneben sind die Hauptverhandlungsführer und Hauptgesandten des Deutschen Kaisers, der Niederländer, Spanier, Franzosen und Schweden dargestellt.

Als kunsthistorisch außerordentlich bedeutend gelten darüber hinaus Einrichtung und Mobiliar des Friedenssaales, dessen fast originalgetreuer Zustand in Deutschland einmalig sein dürfte. Der reich verzierte Aktenschrank an der Nordseite von etwa 1540 enthielt einst alle wichtigen Unterlagen der Stadt. Auf den mit Schnitzwerk verzierten Schranktüren sind biblische, kirchengeschichtliche, scherzhafte und moralische Motive zu sehen, beispielsweise eine Darstellung des heiligen Liudgers, des Gründers der Stadt, der ein Modell des Domes als Attribut bei sich trägt. Andere geschnitzte Bildfelder zeigen die Ermordung des heiligen Lambert von Lüttich, den heiligen Martin, wie er den Mantel teilt, ferner zwei kämpfende Männer ohne Kopf – wohl eine Anspielung auf die Sinnlosigkeit des Krieges – oder zwei Affen, die sich den Schädel einschlagen.

Erst 1577 wurde das übrige reiche Renaissance-Schnitzwerk, zum Teil nach Entwürfen Hermann tom Rings, geschaffen. Die Sitzbänke der Ratsherren an der Westwand (neben dem Eingang) sind

56

Die Käfige der Wiedertäufer am Turm der Lambertikirche.

durch Apostelreliefs (in der Mitte Christus) verziert. An den Mittel-
flächen der Fensterpfeiler befinden sich die vier Evangelisten, in
den Fensternischen Darstellungen der Sieben Freien Künste.

Ursprünglich diente dieser Raum als Gerichtssaal. Aus dem Rat
der Stadt, der anfangs das Schöffenkollegium des bischöflichen
Stadtrichters bildete, entwickelte sich erst im 13. Jahrhundert die
eigentliche Stadtregierung. Vor dem Aktenschrank an der nördli-
chen Stirnwand steht deshalb die Bürgermeisterbank und der
Richtertisch, auf der gegenüberliegenden Seite befindet sich die
Gerichtsschranke, die an den Verhandlungtagen in die Mitte des
Saales gerückt wurde und auf diese Weise Richter, Angeklagte und
Zeugen vom anwesenden Publikum trennte. Auch ein Deckenbalken
deutet auf die Funktion der Ratskammer als Gerichtssaal hin: Auf

57

ihm ist in niederdeutscher und lateinischer Sprache eine Ermahnung für den Richter zu lesen: „Audiatur et altera pars – Men hoere beide Parte" (Man höre beide Parteien).

Der Kamin von 1621 stammt aus dem Krameramtshaus und wurde 1948 beim Wiederaufbau des Friedenssaales eingebaut. Der Vorgänger war während des Krieges zerstört worden. Auf dem Sturz ist ein Relief mit der Geschichte vom reichen Prasser und dem armen Lazarus abgebildet. In dem Kamin steht eine Herdplatte aus dem Jahr 1648 mit der Aufschrift „Pax optima rerum" – der Friede ist das Beste aller Dinge.

Zu den Kuriositäten des Friedenssaals zählt die in einem meist geöffneten Aktenschränkchen an der Stirnseite des Saales zu sehende verdorrte Hand, über deren Herkunft Genaues nicht bekannt ist, ferner ein Pantoffel, der angeblich aus dem 17. Jahrhundert stammt und einer vornehmen Dame, vielleicht der Herzogin von Longueville, die anlässlich des Friedenskongresses in Münster weilte, gehört haben soll. Außerdem befindet sich in dem Schrank der Goldene Hahn, der Ehrenpokal der Stadt Münster. Ein münsterischer Ratsherr soll das um 1600 in Nürnberg hergestellte vergoldete Silbergefäß gestiftet haben.

Im Zweiten Weltkrieg war das Mobiliar des Friedenssaales – auch der wertvolle Kronleuchter – ausgelagert; so entging die Inneneinrichtung dem Inferno des Bombenkrieges. Zerstört wurden jedoch die alte Balkendecke und, wie erwähnt, der Kamin. Bereits 1948 konnte aber schon im wiedererrichteten Friedenssaal der dreihundertste Jahrestag der Unterzeichnung des Westfälischen Friedens gefeiert werden. Rings herum befanden sich allerdings noch die Trümmer des zerstörten Rathauses.

Neben dem Rathaus ist die **Stadt- und Marktkirche St. Lamberti** wohl das bedeutendste Zeugnis für das Selbstbewusstsein münsterischer Bürger im Mittelalter. Die Lambertikirche, eine gotische Hallenkirche, wurde 1375 bis 1450 am Schnittpunkt zweier alter Handelsstraßen errichtet. Der imposante neogotische Turm der Kirche, angelehnt an das Vorbild des Kölner Doms und des Freiburger Münsters, stammt allerdings erst aus dem späten 19. Jahrhundert und blieb im Zweiten Weltkrieg weitgehend unversehrt. Am Turm der Lambertikirche hängen die drei **Käfige der Wiedertäufer.** 1536, nachdem der Bischof seine Herrschaft über die Stadt wiederhergestellt hatte, waren deren Anführer, Jan van Leiden, Bernd Knipperdollinck und Bernd Krechtinck, auf dem Prinzipalmarkt hingerichtet worden. Zur Abschreckung wurden ihre Leichen in die noch heute sichtbaren Käfige gesteckt. Dort sollen Überreste noch

Jahrzehnte später zu sehen gewesen sein.

In unmittelbarer Nähe der sog. Wiedertäuferkäfige befindet sich das „höchste Dienstzimmer" der Stadt. Hier hat der Türmer von Lamberti seine Stube. Allabendlich ab 21 Uhr verkündet er mit seinem Horn die vollen und halben Stunden. Der Türmer – schon im 15. Jahrhundert ist dieses städtische Amt belegt – hatte ursprünglich die Aufgabe, Brände oder gar das Herannahen feindlicher Truppen zu melden sowie Straßen und Plätze von diesem zentralen Punkt der Stadt aus zu überwachen. „Die ganze Wohlfahrt der Stadt hängt vom Turmbläser ab", hieß es noch 1777 im münsterischen Rat.

Eine weitere Kuriosität ist am Westwerk der Kirche zu entdecken: „Getarnt" als Evangelisten

Die „Wurzel Jesse" am Südportal der Lambertikirche.

stehen hier die deutschen Dichterfürsten Goethe und Schiller. Hervorzuheben ist ferner das über dem Eingangsportal der Lambertikirche auf der Südseite zum Prinzipalmarkt hin angebrachte kunstvolle Relief der **Wurzel Jesse**, des Stammbaums Jesu Christi. Das um 1450 entstandene Original wurde 1913 durch eine Nachbildung ersetzt.

Bekannt wurde die Kirche durch die Predigten Bischofs Galens gegen die nationalsozialistische Verfolgung von Priestern und Ordensleuten sowie gegen das Menschen verachtende Euthanasieprogramm von 1941. Die **Kanzel**, im Stil der Neogotik im letzten Jahrhundert errichtet, ist noch heute zu sehen. Von den Kunstwerken in der Kirche sind ferner besonders hervorzuheben: die dem südlichen Eingang gegenüberstehende **Kreuzigungsgruppe**, um 1550 von Franz Brabender geschaffen, die um den Hochaltar angebrachten **Apostelfiguren** von Johann Kroeß von etwa 1600 sowie der **Flügelaltar** mit Figurenszenen aus dem Marienleben und der Jugendgeschichte Jesu, um 1500. In der südlichen Chorkapelle, in der auch Reste alter Wandmalereien der Lambertikirche freigelegt wurden,

Das Krameramtshaus.

befinden sich **Plastiken der abendländischen Kirchenväter**. Erwähnt sei noch die 1989 errichtete Orgel, die ohne Empore und Bodenstütze im Mittelraum des Turmjoches aufgehängt wurde.

Wir verlassen die Lambertikirche durch das Nordportal und treffen auf eine platzartige Erweiterung. Bis 1907 stand hier ein spätmittelalterliches Häusergewirr, Drubbel genannt, dessen Grundriss im Pflaster der Straße noch zu sehen ist. Die gegenüber liegende Bogenreihe ist daher an dieser Stelle aus Platzmangel unterbrochen. Von diesem Standpunkt aus fällt auch der Blick auf den stilvollen Renaissancegiebel des Café Kleimann, übrigens der einzige, der den Zweiten Weltkrieg ohne Schaden überdauert hat.

Schräg gegenüber der Lambertikirche, am Anfang des Alten Steinwegs gelegen, steht das einzige noch erhaltene Gildehaus der Stadt, das 1588 errichtete **Krameramtshaus**, das der mächtigen Kramergilde als Versammlungsort und Warenlager diente. Den kunstvoll gegliederten Backsteingiebel schmücken mit Kugeln besetzte Halbräder, ein aus der Weserrenaissance stammendes Motiv. In der Mitte der Fassade sieht man eine Darstellung der Justitia, darunter als Ermahnung für die Kramer eine Tafel mit einem Bibelspruch in lateinischer Sprache: „Die Gerechtigkeit bewacht den Weg des Rechtschaffenden, die Unbilligkeit bringt den Sünder zu Fall.“ Während der Verhandlungen zum Ende des Dreißigjährigen Krieges fanden hier die niederländischen Gesandten Unterkunft. Heute beherbergt das traditionsreiche Gebäude das Haus der Niederlande, ein Zentrum für Niederlandestudien, aber auch eine deutsch-niederländische Begegnungsstätte. Neben dem Krameramtshaus entstand

Die moderne Architektur der Stadtbücherei.

die neue, Aufsehen erregende und viel gelobte **Stadtbücherei** nach einem Entwurf der Architektin Julia Bolles-Wilson.

Wir verlassen den Alten Steinweg und gehen durch eine der beiden Querstraßen (Bolandsgasse oder Julius-Voos-Gasse) in die Parallelstraße, die Salzstraße, zur Dominikanerkirche. Wohl kaum eine Stadt in Norddeutschland hat so viele barocke Bauten von hoher Qualität aufzuweisen wie Münster: Stadthäuser für den sich besonders im Winter in der Stadt aufhaltenden westfälischen Adel, von denen die ältesten aus dem 16. Jahrhundert stammen, aber auch sakrale Bauten wie beispielsweise die Dominikaner-, die Aegidii- oder die Clemenskirche.

Die Barockzeit in Münster ist eng mit dem Namen des westfälischen Baumeisters Johann Conrad Schlaun (1695–1773) verbunden. Doch schon zwei Generationen vor ihm hatten bei der Umwandlung der mittelalterlichen Bürger- in eine moderne Residenzstadt vier Baumeister wichtige Vorarbeiten geleistet: Peter Pictorius d. Ä. (gest. 1685), seine Söhne Gottfried Laurenz Pictorius (1663–1729) und Peter d. J. (1673–1735) sowie Lambert Friedrich Corfey (1688–1733). Wie Schlaun dienten sie als Offiziere im bischöflichen Heer, widmeten sich aber zumeist nur ihren Bauaufträgen.

Lambert Friedrich Corfey errichtete beispielsweise an der Salzstraße von 1707 bis 1731 die **Dominikanerkirche**, die heute als katholische Universitätskirche genutzt wird. Wie Schlaun hatte er seine künstlerische Prägung in Italien und Frankreich erhalten und

*Die Dominikaner-
kirche in der Salz-
straße.*

brach mit der einheimischen Bautradition. Ihre Sandsteinfassade
knüpft wohlgefällig an Formen römischer Barockkirchen an. Von
dem im Zweiten Weltkrieg zerstörten Kloster steht indes nur noch
die Südfassade.

Gehen wir die Salzstraße weiter hinunter, kommt alsbald der wohl
schönste münsterische Adelspalast des 18. Jahrhunderts, der von
Johann Conrad Schlaun von 1753 bis 1757 für Adolph Heidenreich
Freiherr Droste zu Vischering gebaute **Erbdrostenhof** zum Vor-
schein. („Droste" ist die mittelniederdeutsche Bezeichnung für
„Truchsess", der im norddeutschen Raum als hoher landesherrlicher
Beamter wichtige Verwaltungsfunktionen zu erfüllen hatte.)

Auf dem kleinen Eckgrundstück Salzstraße/Ringoldsgasse errichtete Schlaun einen prächtigen Palast mit genialer Raumauftei-
lung. Das Grundstück hätte für eine am französischen Vorbild orientierte Dreiflügelanlage, vergleichbar der Kettelerschen Kurie oder
dem Bischöflichen Palais am Domplatz, gerade ausgereicht. Gleich-
falls wäre der Raum für einen im italienisch-wienerischen, an die
Straße gerückten Palast vorhanden gewesen. Solche Planungen verwarf Schlaun jedoch. Er stellte das Haus diagonal auf das Grundstück und verlegte die Wirtschaftsgebäude in den Hinterhof. Da-

Der Erbdrostenhof, Meisterwerk Johann Conrad Schlauns.

durch gewann er Platz für die großartige Präsentation des Wohnge-
bäudes, das auf die längste Seite des fast rechtwinkligen Dreiecks
gesetzt wurde. Durch den Fassadenschwung konnten dabei sogar
noch Flügel des Palastes angedeutet werden. Zugleich erhielt der
von der Straße durch ein schmiedeeisernes Gitter abgetrennte Ehrenhof eine dreieckige Form. Da die heutige große Eingangstür im 18.
Jahrhundert nicht vorhanden war, konnte man von der Salzstraße aus
mit der Kutsche direkt in den Hof zu den im Zweiten Weltkrieg zerstörten und nicht wieder aufgebauten Wirtschaftsgebäuden durchfahren.

Der gewölbte, reich verzierte Mittelteil der Fassade mit seinen
korinthischen Pilastern trägt in seiner Spitze das Allianzwappen
Droste-Vischering/Ascheberg. An den Balkongeländern sind in ver-
goldeten Kartuschen die Initialen des Bauherrn D E (Droste-
Erbdroste) und seiner Frau V A (von Ascheberg) und darüber die
Jahreszahl 1754, das Jahr des Richtfestes, zu sehen. An den unteren
Fenstern findet sich von links nach rechts der Zyklus des Jahres mit
Personifikationen der Monate und illustrativen Emblemen: So
symbolisieren beispielsweise die westfälischen Mettwürste den
Schlachtmonat November, Spargel und Rosen den Mai, die Weintrau-
ben den Oktober.

Besonders sehenswert ist der große Festsaal des Erbdrostenhofes,
der nach der Zerstörung des Gebäudes im Zweiten Weltkrieg wie das
gesamte Palais nahezu originalgetreu wiederhergestellt wurde. Der
Festsaal mit umlaufender Galerie zeigt im Deckenspiegel eine
Götterapotheose; über den Kaminen sind Porträts des Fürstbischofs

63

Die Clemenskirche errichtete Schlaun im Auftrag des Fürstbischofs Clemens August von Bayern.

Clemens August von Bayern (reg.1719–1761) und des Kaisers Franz I. (reg. 1745–1765) zu sehen. Heute wird der Saal vor allem für Konzerte und Festveranstaltungen genutzt.

Hinter dem Erbdrostenhof, am Ende der Ringoldsgasse, erbaute Johann Conrad Schlaun von 1745 bis 1753 ein weiteres barockes Meisterwerk, die **Clemenskirche**. Einst gehörte sie zum Kloster und Hospital der Barmherzigen Brüder, das Fürstbischof Clemens Au-

Innenansicht der Clemenskirche.

gust von Bayern hier errichten ließ. Mit 100000 Gulden unterstützte er den Bau dieses ersten Spitals in Münster. Das Wappen des Bischofs befindet sich über dem Eingangsportal der Kirche. Das Krankenhaus, dessen Flügel einst links und rechts an die Kirche anschlossen, ist im Zweiten Weltkrieg zerstört und nicht wieder aufgebaut worden. Mit großer Sorgfalt hat man jedoch die kleine, Papst Clemens geweihte Krankenhauskapelle wiederhergestellt. Auch sie weist wiederum die für Schlauns Bauten so typische Verwendung von hellem Sandstein und rotem Backstein sowie den konkav-konvexen Fassadenschwung auf. Vorbilder der Clemenskirche liegen in der römischen Architektur Berninis und Borrominis. Als Grundriss wählte Schlaun diesmal ein unregelmäßiges Sechseck.

Überrascht ist der Besucher, wenn er das Innere dieser kleinen Kirche betritt, übernahmen doch süddeutsche Künstler – die Dekkenmalereien stammen von dem Münchner Johann Adam Schöpf, als Stuckateur wirkte der Wessobrunner Meister Jacob Rauch – auf Wunsch des Bischofs die Innenausstattung ganz im Stil des Rokoko. Das Altarbild zeigt das Martyrium des heiligen Clemens, das Kuppelfresko die Verherrlichung und Himmelfahrt des Papstes. Die Holztüren links und rechts des Altars, der von Doppelsäulen im typischen Wittelsbacher Blau umrahmt ist, führten ursprünglich in das Hospital. Dort, wo sich heute der Barockgarten befindet, stand früher ein Teil des Krankenhauses. Heute ist die Clemenskirche die Ausländerpfarrkirche in Münster.

Über die Salzstraße führt der Weg wieder zum Lambertikirchplatz, und von dort geht es über die Domgasse rechts neben dem Café Kleimann zurück zum Domplatz.

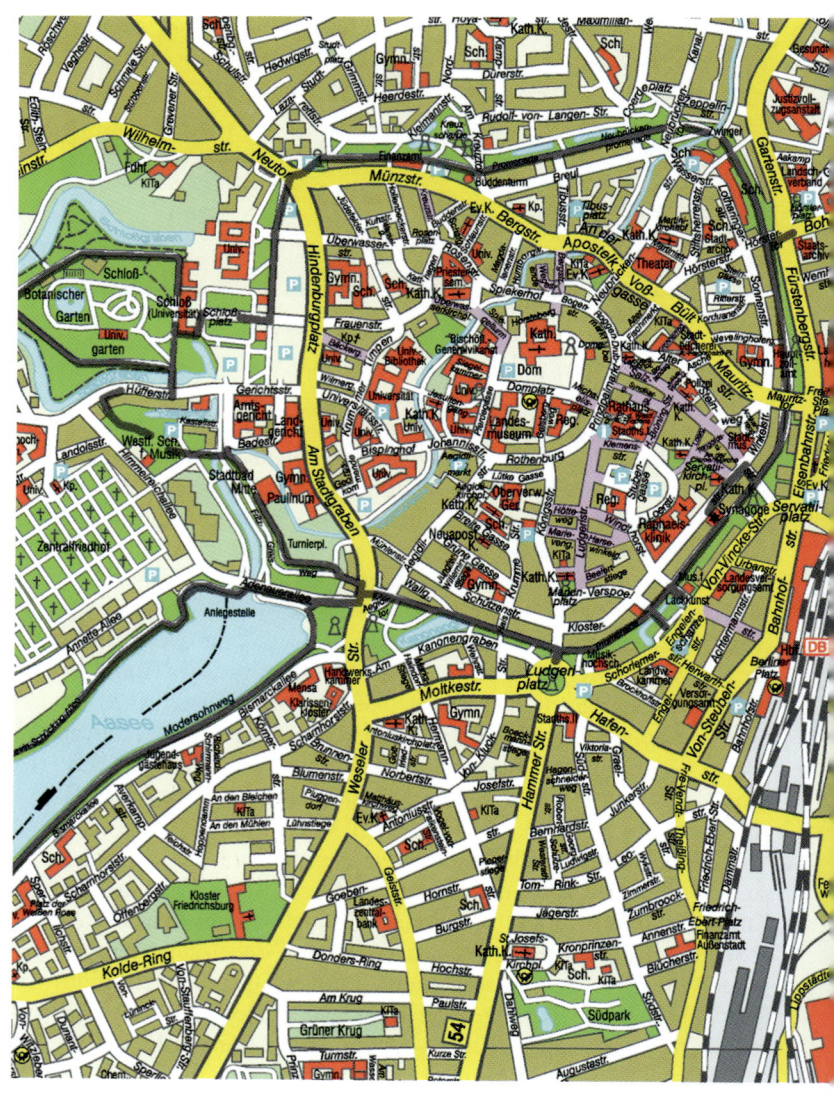

Stadtrundgang
Promenade und Aasee

Ludgeriplatz ● Promenade ● Engelenschanze
„Drei rotierende Quadrate" ● Synagoge ● St. Servatii
Stadtmuseum ● Torhäuschen am Mauritztor ● Denkmal
von Bernhard Frydag ● Staatsarchiv ● Zwinger
Buddenturm ● Wasserbär ● Torhäuschen am Neutor
Fürstbischöfliches Schloss am Hindenburgplatz
Schlossgarten ● Tuckesburg ● Moderne Skulpturen
Westerholtsche Wiese ● Aasee ● Freilichtmuseum
Mühlenhof ● Westfälisches Landesmuseum für
Naturkunde ● Allwetterzoo

Die 4,5 Kilometer lange **Promenade** mit ihren alten Linden umschließt die Altstadt Münsters. Sie wurde Ende des 18. Jahrhunderts
auf dem früheren Außenwall der abgetragenen Stadtbefestigung als
Spazier- und Reitweg angelegt, von dem aus schon damals schöne
Blicke auf die Stadt und die umliegende Garten- und Parklandschaft
möglich waren. Die Promenade ist heute nur Fußgängern und Rad-
fahrern zugänglich.

Wir beginnen unseren Rundgang über die Promenade am
Ludgeriplatz, der vom Prinzipalmarkt aus am besten über die
Ludgeristraße zu erreichen ist. Schon von weitem sieht man die den
Ludgeriplatz schmückenden Denkmäler von Karl H. Bernewitz
„Knecht mit Pferd" und „Magd mit Ochse" aus dem Jahr 1912. Sie
symbolisieren die engen Beziehungen der Stadt mit dem ländli-
chen Umland.

Wir gehen nun die Promenade in Richtung Osten (links) hinunter und gelangen zur **Engelenschanze**. Hier wird der Charakter der
alten Befestigungsanlage besonders deutlich sichtbar: Auf der einen Seite ist noch ein Rest des alten Stadtgrabens zu sehen, auf der
anderen der trockengelegte Graben. Der Bau der Stadtmauern und
die Anlage des Befestigungsgrabens waren bereits um 1200 abgeschlossen. In der Zeit des Dreißigjährigen Krieges erfolgte eine weitere Verstärkung der ohnehin imposanten Befestigungsanlagen
durch große Schanzen, so dass die Stadt schon hierdurch Feinde
abschreckte und in diesem Krieg von Zerstörungen verschont blieb.
Gegenüber der Engelenschanze steht eine neobarock-klassizistische

Die ringförmig angelegte Promenade umschließt die Innenstadt.

Villa, in der das international renommierte Lack- und Farbenmuseum untergebracht ist. Hier werden anhand seltener Exponate Geschichte und Entwicklung der Lackkunst seit ihren Anfängen im alten China vor 2000 Jahren dokumentiert.

Auch moderne Kunst ist bei einem Rundgang auf der Promenade immer wieder anzutreffen, hier auf der Engelenschanze beispielsweise die von George Rickey geschaffene Plastik **„Drei rotierende Quadrate"** von 1975.

Entlang der Promenade in nördlicher Richtung liegt auf der linken Seite kurz vor dem Servatiiplatz die modern wieder aufgebaute **Synagoge** der Stadt. In der Pogromnacht 1938 war auch das jüdische Gotteshaus zerstört worden. Juden gab es in Münster schon im Mittelalter, ihre Häuser befanden sich hinter dem heutigen Rathaus im Bereich des Syndikatplatzes. Sie wurden jedoch um 1350 aus der Stadt gewaltsam vertrieben. Erst zu Beginn des 19. Jahrhunderts ließen sich wieder jüdische Familien dauerhaft in Münster nieder, 1933 wohnten etwa 500 Juden in Münster. Nur wenige der Deportierten überlebten den Genozid des Nationalsozialismus.

Auf der Höhe des Servatiiplatzes bietet sich ein kleiner Abstecher nach links in die Salzstraße und abermals nach links in die Klosterstraße an. Dort fällt der Blick auf die spätromanische Pfarrkirche **St. Servatii** mit zweijochiger Stufenhalle und spätgotischem Chorraum, erbaut 1230 bis 1250. Sie war früher die kleinste Pfarrkirche der Stadt. Auf dem Weg zurück steht man unmittelbar vor dem

Früher ein Warenhaus, heute das Stadtmuseum.

Stadtmuseum an der Salzstraße, das eine beachtliche Schausammlung zur Stadtgeschichte Münsters vom frühen Mittelalter bis in die heutige Zeit sowie ständig Sonderausstellungen zu stadtgeschichtlichen Themen präsentiert. Zur Schausammlung gehören unter anderem mittelalterliche Gemälde, Abbildungen der sog. Wiedertäufer, eindrucksvolle Bilder des münsterischen Malers Johann Bockhorst, der zum Kreis um Peter Paul Rubens gehörte, und Werke des niederländischen Malers Gerard Terborch, ferner kulturgeschichtliche Exponate, Porzellan, Silberarbeiten, Möbel aus mehreren Jahrhunderten, ein „Tante-Emma-Laden" von 1911 und das liebenswerte Interieur eines bekannten münsterischen Cafés aus den fünfziger Jahren. Interessant sind ferner zahlreiche Stadtmodelle, die eine topographische Leitlinie durch die Schausammlung bilden. Die aus dem Jahre 1912 stammende Fassade des Gebäudes – eines ehemaligen Warenhauses – steht heute unter Denkmalschutz.

Wir gehen die Promenade weiter entlang bis zur Kreuzung Mauritztor/Eisenbahnstraße. Von den einst spiegelbildlich angeordneten klassizistischen **Torhäuschen am Mauritztor** ist nur noch eines erhalten, das heute als Restaurant genutzt wird. Sie waren 1825 beziehungsweise 1827 errichtet worden. Zu dieser Zeit hatte die Stadt Münster ihre mittelalterliche Stadtgrenze also noch nicht überschritten.

Auf der rechten Seite sehen wir das von Bernhard Frydag 1908 geschaffene **Denkmal**, das an die Einigungskriege von 1864, 1866 und 1870/71 erinnert. Von der äußeren Form gleicht es dem Grabmal Theoderichs in Ravenna. An der Kreuzung Bohlweg/Fürstenbergstraße steht das von 1887 bis 1889 im Stil der Neorenaissance erbaute Staatsarchiv, der erste Archivzweckbau in Preußen. Er diente anderen Einrichtungen in Deutschland und im Ausland als Vorbild. Hier werden vor allem Archivalien zur westfälischen Landesgeschichte vom frühen Mittelalter, darunter eine Kaiserurkunde von 813, bis zur Gegenwart, aufbewahrt. Wer an dieser Stelle ein paar Meter nach links in die Hörsterstraße einbiegt, erblickt auf der rechten Seite das von Schlaun erbaute ehemalige Lotharingerkloster, das heute von der Stadt genutzt wird.

Folgt man der Promenade, ist es nicht mehr weit bis zum **Zwinger**, der 1536 als Batterieturm mit zwei Meter dicken Mauern an dieser stark gefährdeten Stelle der Befestigungsanlage errichtet wurde. Hier verlässt die Aa die Altstadt. Johann Conrad Schlaun baute den Zwinger im 18. Jahrhundert zum Gefängnis um. Heute ist das mächtige Gebäude eine Gedenkstätte für die in der Zeit des Nationalsozialismus von 1933 bis 1945 Ermordeten. Bestandteil dieses Mahnmals ist ein Kunstwerk von Rebecca Horn mit dem Titel „Das gegenläufige Konzert". Auf dem weiteren Weg zum Kreuztor sind noch einige Reststücke des alten Stadtgrabens zu sehen.

Am Kreuztor erkennt man als markantestes Relikt der alten Stadtbefestigung den **Buddenturm**. Er ist der einzige noch erhaltene Turm der ehemaligen Befestigungsanlage und stammt aus dem ausgehenden 12. Jahrhundert. In späterer Zeit wurde er als Gefängnis benutzt und 1880 zu einem Wasserturm umgebaut. Die Kreuzschanze ist als zusätzlich angelegtes Befestigungswerk hier gut erkennbar. Von Anton Rüller um die Jahrhundertwende geschaffene Denkmäler erinnern an die in der Nähe von Münster geborene Dichterin Annette von Droste-Hülshoff und an den Musikdirektor Julius Otto Grimm, einen Freund und Förderer von Johannes Brahms. Beim Spaziergang auf der Promenade, die hier ihren früheren Charakter als Wall zwischen Innen- und Außengraben zeigt, treffen wir nun auf einen so genannten **Wasserbären**. Diese Staumauern mit ihren kleinen Rundtürmen dienten der Regulierung des von den Aa gespeisten Wasserstandes im Stadtgraben. Am Neutor trifft man auf zwei von Ferdinand Lipper entworfene klassizistische **Torhäuschen**.

Die Straße Am Stadtgraben kreuzend, kommen wir nun zum **Fürstbischöflichen Schloss**, das reife Werk Johann Conrad Schlauns, von 1767 bis 1772 übrigens als letzte Residenz des Barock in Deutschland errichtet. Angelegt wurde sie auf dem Gelände der alten, den Bürgern der Stadt verhassten Zitadelle, die ein Jahrhundert

Der Zwinger war einst Teil der Befestigungsanlage.

zuvor Fürstbischof Christoph Bernhard von Galen nach der gewaltsamen Niederwerfung Münsters hatte bauen lassen.

Vom **Hindenburgplatz** aus, zweitgrößter innerstädtischer freier Platz Europas, wird die Gesamtposition der Schlossanlage am besten sichtbar. Begrenzt wird die Anlage, der man sich über den Schlossplatz und den Ehrenhof nähert, im Osten durch die beiden heute von der Universität genutzten **Kavaliershäuschen**, und im Norden durch das Gebäude des ehemaligen Oberpräsidiums der Provinz Westfalen, das 1907 an Stelle des abgetragenen Marstalls errichtet wurde.

Schlaun konzipierte für den Kölner Kurfürsten und münsterschen Fürstbischof Max-Friedrich von Königsegg-Rothenfels eine typische barocke Dreiflügelanlage mit lang gestrecktem Haupttrakt (Corps de Logis) und vorgezogenen Seitenflügeln aus Backstein, kombiniert mit hellem Baumberger Sandstein. Den vorschwingenden Mittelrisalit ziert die **Erbauerinschrift** in lateinischer Sprache: „Max Friedrich, dem Erzbischof und Kurfürsten von Köln und Bischof von Münster, dem besten Fürsten, dem Vater des Vaterlandes, die münsterischen Stände 1772." Die drei Stände (Domkapitel, Ritterschaft und Städte) des Fürstbistums Münster hatten den Bau des Schlosses schon lange angeregt. Dadurch wollten sie dem zumeist in Bonn residierenden Fürsten nicht nur eine angemessene Unterkunft anbieten, sondern zugleich künftig dessen kost-

71

Im Fürstbischöflichen Schloss, nach Plänen Johann Conrad Schlauns errichtet, hat nie ein Landesherr residiert.

Mittelrisalit des Schlosses mit Posaunenengel.

spielige Besuche auf den Schlössern des münsterländischen Adels verhindern. Durch die Hofhaltung sollte Münster für Wochen sowohl in kultureller als auch in wirtschaftlicher Hinsicht einen neuen Mittelpunkt erhalten. Das Unterfangen scheiterte jedoch. Kein Fürstbischof hat sich hier je für Wochen aufgehalten.

Das **Bildwerk** über dem Haupteingang zeigt ein typisches barockes Motiv: die Gegenüberstellung von Leben und Tod. Auf der einen Seite wird ein liebliches und blumengeschmücktes Kind gezeigt, dahinter der Kopf eines alten Mannes. Auch der Hintergrund des Bildes nimmt das Motiv wieder auf: links der Neubau des Schlosses, rechts eine Ruine, vielleicht eine Anspielung auf die alte Zitadelle. Über dem mittleren Fenster darüber befindet sich die Darstellung des Schicksals, das dem Fürsten die Krone, ein schlichtes Kreuz, Mitra, Bischofsstab, dazu blühende Blumen aus einem Füllhorn in den Schoß wirft. Attribute des Überirdischen – Wolken, Engelsköpfe, Weihrauch aus dem Fass des Knaben – leiten über zum Wappen des Landesherren. Eine weibliche Figur darüber kündet vom Ruhm des Herrschers, dessen Tugenden Unsterblichkeit verleihen. Ganz oben thront Nike, die Siegesgöttin, eine Schärpe, auf der die Jahreszahl 1772 zu lesen ist, in der Hand haltend. Über Fenstern und Türen des Mittelrisalits symbolisieren vier Köpfe die vier Jahreszeiten (Blumenkopf = Frühling; schlafender Mann = Winter). An den Fenstern des Erdgeschosses der gesamten vorderen Anlage befinden sich Monatsdarstellungen mit den entsprechenden Tierkreiszeichen.

Auf der dem Garten zugewandten Westseite des Schlosses erschließt sich dem Betrachter ebenfalls ein Bildprogramm: Die

Skulpturen unter den Balkonen der Risalite zeigen Planeten, beispielsweise Diana mit Mond und Jagdattributen, Venus mit Amor und Tauben, Mars mit Waffen und Brandwolken. In der Mitte befindet sich die Sonne als Hauptplanet, darüber wieder Attribute der Zeit: die Eule mahnt, die Zeit zu nutzen, die Sanduhr, Chronos und Engel heben das verdeckende Tuch vom Zifferblatt der Uhr, um das Vorrücken der Zeiger sichtbar zu machen.

Rückseite des Schlosses mit Botanischem Garten.

Die endgültige Fertigstellung des Schlosses sollte Schlaun nicht mehr erleben. Er starb 1773. Sein Nachfolger Wilhelm Ferdinand Lipper veränderte dessen Pläne für die Inneneinrichtung, die er bis 1787 durchführte. Nicht mehr im spätbarocken Stil, wie von Schlaun vorgesehen, sondern frühklassizistisch wurden die Innenräume des Schlosses ausgestaltet, übrigens erstmals in Nordwestdeutschland. Auch Fürstbischof Max Friedrich starb 1784 vor der endgültigen Fertigstellung der Residenz. Die ersten Bewohner der prächtigen Anlage waren 1802 General Blücher, der spätere Sieger von Waterloo, und der preussische Reformer Freiherr vom Stein.

Das Schloss brannte in den letzten Kriegstagen 1945 aus. Die Bausubstanz eignete sich jedoch noch für einen Wiederaufbau. Das Innere wurde aber nicht rekonstruiert. Es wird heute von fast schon denkmalswürdigen Elementen der fünfziger Jahre beherrscht. Das Äußere wurde fast originalgetreu wiederhergestellt. Heute ist das Schloss Hauptsitz der Universität Münster.

Im Westen befindet sich der vom Schlossgraben eingefasste **Schlossgarten**. Schon 1788 hatte Fürstbischof Max Franz von Österreich diesen der Öffentlichkeit zugänglich gemacht, zumal ein solches Refugium auch nicht mehr als zeitgemäß galt. Außerdem residierte niemand im Schloss. Freiherr vom Stein veranlasste 1803 die

Kunst vor dem Schloss während der
Skulpturenausstellung 1997.

Anlage des Botanischen Gartens, und 1840 wurde die Orangerie errichtet. Zahlreiche seltene Pflanzen zieren noch heute diesen vielbesuchten Park. 1847 erfolgte schließlich die Umwandlung in einen englischen Landschaftsgarten. Von der einstigen Gestaltung Schlauns und Lippers ist nichts mehr zu sehen. Noch immer hat er aber die sternförmige Grundform der einstigen Zitadelle.

Wer danach die Schlossanlage auf der Südseite verlässt und die Gerichtsstraße kreuzt, kommt zurück zur Promenade. Rechts von ihr liegt das Gelände des ehemaligen Zoos, der Anfang der siebziger Jahre in den Stadtteil Sentruper Höhe verlegt wurde. Als kleine Abstecher bieten sich von hier an: die **Tuckesburg**, das Wohnhaus des skurrilen Zoogründers Professor Hermann Landois (1835-1905), und ein weiterer Wasserbär. Vor der Landesbausparkasse an der Himmelreichallee sind eine **Wasserplastik** von Otto Heinz Mack und die dreiteilige Skulptur „**Wirbel**" von Henry Moore zu sehen. Jenseits der Himmelreichallee liegt der im 19. Jahrhundert angelegte Zentralfriedhof mit vielen sehenswerten alten Grabanlagen.

Einen schönen Blick über die **Westerholtsche Wiese** – hier und vor dem Schloss findet alljährlich das weithin bekannte „Turnier der Sieger der Spring- und Dressurreiter" statt – auf die Altstadt Münsters eröffnet sich, wenn man weiter dem Verlauf der Promenade folgt. Jenseits der Westerholtschen Wiese steht ein fast 100 Meter langer Teil der Stadtmauer aus dem späten 13. Jahrhundert.

*Die „Giant Pool Balls" von Claes Oldenburg wurden 1977
am Aaseeufer aufgestellt.*

An dem Punkt, an dem die Promenade die Straße Am Stadtgraben kreuzt, gehen wir nur wenige Meter in Richtung Süden (rechts) und erreichen dann das bekannteste und beliebteste Naherholungsgebiet der Münsteraner, den **Aasee.** Der Ende der zwanziger Jahre im Zuge von Arbeitsbeschaffungsmaßnahmen angelegte künstliche See – der Teil westlich der Torminbrücke ist erst in den siebziger Jahren entstanden – erstreckt sich heute auf einer Fläche von etwa 40 Hektar von der Innenstadt bis nach Mecklenbeck. Segler, Surfer und Tretbootfahrer tummeln sich auf dem Wasser. Ist er im Winter einmal zugefroren, wird er zum Paradies der Schlittschuhläufer.

Der Blick auf den Aasee von der Innenstadt aus wird bestimmt durch die **Giant Pool Balls** von Claes Oldenburg, drei 1977 hier installierte Betonkugeln, die einen Durchmesser von 3,50 Meter haben. Claes Oldenburg dachte sich das Wiesenareal vor dem Aasee als überdimensionale Billardspielfläche.

Von hier aus bietet sich natürlich ein Rundgang um den Aasee an (ca. 5,5 Kilometer). Am so genannten „neuen" Aasee, hinter der modernen Torminbrücke gelegen, befinden sich auf der rechten nordwestlichen Seite das Freilichtmuseum Mühlenhof, das Naturkundemuseum und der münsterische Zoo. Wer diesem erweiterten Rundgang nicht mehr folgen will, überquert die Straße Am Stadtgraben und gelangt über das letzte Stück der Promenade rasch zum Ausgangspunkt am Ludgeriplatz zurück.

Das durch Initiative eines Kreises münsterischer Bürger um Theo

Der Aasee mit Blick auf den Dom.

Breider 1961 begründete **Freilichtmuseum Mühlenhof** am Aasee zeigt mehr als 20 sehenswerte historische Gebäude aus ganz Westfalen und dem Emsland sowie eine umfassende volkskundliche Sammlung. Im Mittelpunkt des Museums steht eine Bockwindmühle aus dem Jahre 1748 aus Oberlangen im Emsland. Deren Kasten-

Das 1961 gegründete Freilichtmuseum Mühlenhof liegt an der nordwestlichen Seite des Aasees.

Das Elefantenhaus im Allwetterzoo.

Aufbau ist 700 Zentner schwer; 500 Zentner davon sind drehbar.
Beachtenswert ist auch der Gräftenhof Osterhoff aus der Bauerschaft
Schonebeck in Nienberge bei Münster von 1720 mit Flettküche,
zwei offenen Herdfeuerstellen, Upkammer, Salon und großer Deele.
Die Gräftenhöfe – Hofanlagen, die meist von wassergefüllten Grä-
ben zum Schutz und zur Begrenzung des Anwesens umgeben waren
– sind typisch für die Einzelhaussiedlungsweise des Münsterlandes.

In direkter Nachbarschaft des Freilichtmuseums befindet sich
das **Westfälische Landesmuseum für Naturkunde**. Die Schausammlung des Museums, das 1981 auf der Sentruper Höhe neu-
gebaut wurde, zeigt Exponate zur Entstehung des Weltalls, zur Palä-
ontologie, Geologie, Tiergeographie und zur Tier- und Pflanzen-
welt Westfalens. Unter anderem ist hier der größte Ammonit der Welt
zu sehen. Zum Museum gehört – als besondere Attraktion – ein
Planetarium.

Südwestlich des Naturkundemuseums erstreckt sich das Gelände des münsterischen **Allwetterzoos**. Die rund ein Kilometer langen
überdachten „Allwettergänge“, die die Gehege miteinander verbinden, gaben dem Zoo, in dem fast 500 verschiedene Tierarten aus
allen Kontinenten zu sehen sind, seinen Namen. Im Zoo befindet
sich ein Delphinarium, in dem Delphin- und Seelöwenshows statt-
finden. Seit 2002 befindet sich im Zoo das Pferdemuseum.

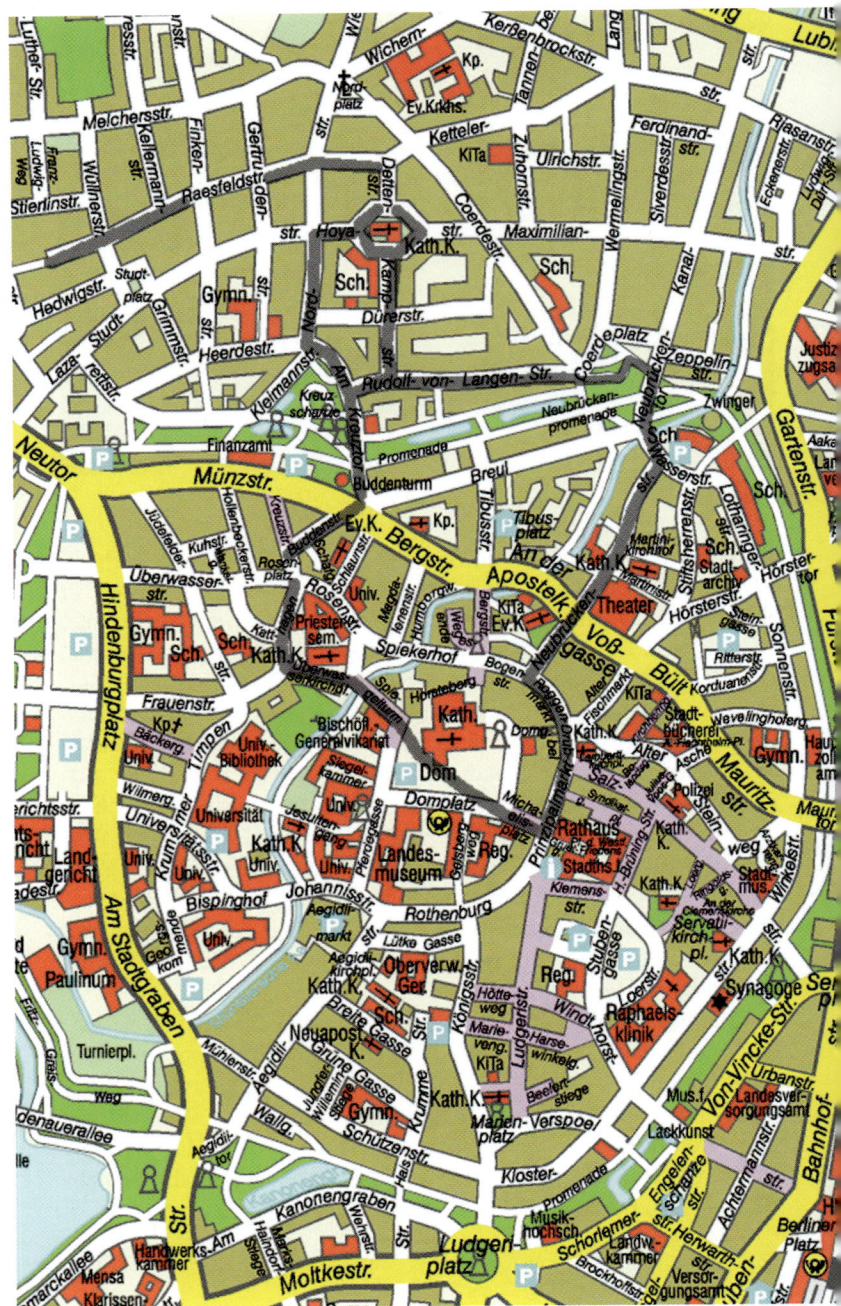

80

Stadtrundgang
Kuhviertel und Kreuzviertel

**Evangelische Universitätskirche • Kuhviertel
Kreuzviertel • Villa Terfloth • Kreuzkirche • Hoyastraße 20
Kampstraße 2 • Martinikirche • Stadttheater
Apostelkirche**

Ausgangspunkt des Rundgangs ist die Überwasserkirche, die vom Domplatz aus über die kleine Straße Spiegelturm zu erreichen ist. Wir passieren das am Katthagen liegende Priesterseminar und das Generalvikariat und sehen nun die **Evangelische Universitätskirche** an der Rosen- bzw. Schlaunstraße vor uns. Das Gotteshaus wurde von 1687 bis 1698 für den Orden der Franziskaner-Observanten gebaut. Beachtenswert ist das Südportal, das barocke Formen mit gotischen Stilelementen zeigt. Nach der Auflösung des Klosters Anfang des 19. Jahrhunderts, als Münster preußisch wurde, diente die Kirche als Pferdestall, später auch als Theatermagazin. Erst nach dem Zweiten Weltkrieg erhielt das Gebäude als Evangelische Universitätskirche wieder seine sakrale Bestimmung.

Folgt man der Rosenstraße in Richtung Westen, erreichen wir das **Kuhviertel** mit seinen zahlreichen Gaststätten. Neben vielen Studentenkneipen ist wohl die Altbierstube von Pinkus Müller am bekanntesten, weil in dieser altwestfälischen Gaststätte noch selbst gebrautes Altbier ausgeschenkt wird. Das aus Hopfen, Malz und obergäriger Hefe hergestellte helle Altbier wird in Münster unter Zusatz verschiedener Früchte gerne auch als Bowle getrunken.

Vom Rosenplatz ist es nicht mehr weit bis zum Buddenturm und zur Kreuzschanze. Nach dem Überqueren der Promenade führt die Straße Am Kreuztor direkt ins **Kreuzviertel,** ein um die Jahrhundertwende entstandenes Stadtviertel. Der Name Kreuzviertel geht auf den mittelalterlichen Brauch zurück, ein Kreuz aus dem Dom in feierlicher Prozession zum „Kreuztor" zu tragen. Im Kreuzviertel finden sich zahlreiche im Krieg nicht zerstörte Häuser in Stilformen des Historismus und des Jugendstils.

Ein Beispiel ist die etwa 1905 erbaute **Villa Terfloth** (Am Kreuztor 1), die durch ihre neoromanische Formgestaltung und den runden Eckturm fast wie eine kleine Burg wirkt. Sie ist ein typisches Beispiel für die großzügigen Wohnhäuser des begüterten Bürgertums zur Zeit der Jahrhundertwende.

Das Kuhviertel ist bekannt für seine Studentenkneipen.

*Aushänger einer typischen Gaststätte
im Kuhviertel.*

Der Straße Am Kreuztor folgend, kommt man über die Nordstraße zur **neogotischen Kreuzkirche**, die 1898 bis 1902 von Hilger Hertel d. J. gebaut wurde und den eigentlichen Mittelpunkt des Kreuzviertels darstellt. Die sternförmig auf die Kreuzkirche zulaufenden Straßen zeigen schöne Beispiele für die Bauweise um die Jahrhundertwende. Beachtenswert sind vor allem die Dettenstraße (erste Querstraße an der Kreuzkirche in Richtung Norden, links), aber auch die Raesfeldstraße, die in die Dettenstraße ein-

Fassaden im Kreuzviertel.

mündet. Direkt gegenüber der Kreuzkirche an der **Hoyastraße 20** besticht eine 1910/11 von Alfred Hensen erbaute Villa durch ihre neobarocke Formgestaltung. Durch die Kampstraße (erste Querstraße an der Kreuzkirche Richtung Süden) erreichen wir die Rudolf-von-Langen-Straße. Sehenswert ist das 1906 erbaute Eckhaus, **Kampstraße 2**, mit seinen zahlreichen Stuckverzierungen.

Durch die Rudolf-von-Langen-Straße gelangt man über den Coerdeplatz zum Neubrückentor. Dort überqueren wir die Aa und biegen nach rechts in die Neubrückenstraße ein. Hier sieht man schon von weitem die Mitte des 14. Jahrhundert erbaute gotische **Martinikirche**. Sie besticht durch eine dreischiffige gotische Halle, wirkt aber im Inneren nicht so lichtdurchflutet wie die Überwasserkirche. Der aus dem 12. Jahrhundert stammende Turm erhielt nach der Zerstörung des Martiniviertels im Siebenjährigen Krieg 1759 eine von Johann Conrad Schlaun entworfene barocke Turmspitze.

Neben der Martinikirche liegt das von der Architektengruppe Deilmann-Ruhnau-von Hausen-Rave zwischen 1954 und 1956 erbaute **Stadttheater**, das damals in ganz Europa für großes Aufsehen sorgte und in den Fachkreisen als „befreiender Donnerschlag in der Architektur" bezeichnet wurde. Immerhin war dies der erste Theaterneubau in Deutschland nach dem Zweiten Weltkrieg. Ganz bewusst setzten sich die Architekten über die überwiegend historisierende Formensprache des münsterschen Wiederaufbaus hinweg. Integriert wurde in das Haus gleichsam als natürliche Theaterkulisse die Gartenfassade des von Wilhelm Ferdinand Lipper ausgangs des 18. Jahrhunderts erbauten Romberger Hofes, der das Theater vor dem Zweiten Weltkrieg beherbergte. Nicht nur von der funktionalen und eigenwilligen Grundform her unterscheidet sich das Theater von allen vorher errichteten Gebäuden der Stadt, sondern auch durch den bewussten Verzicht auf traditionelle Materialien wie Klinker und Sandstein. Die Oberflächenmaterialien sind größtenteils italienischer Herkunft. Heute steht das Theater bereits unter Denkmalschutz.

Schräg gegenüber steht der erste in Münster erbaute rein gotische Sakralbau, die **Apostelkirche,** aus der Zeit um 1280. Ursprünglich gehörte sie zum Minoritenkloster. Dass es sich hier um eine Klosterkirche handelt, ist an ihrem langen Chor, in dem die Mönche Platz fanden, und an dem für die Bettelordenskirchen typischen Dachreiter zu erkennen. Die Deckenmalereien stammen aus dem 15. bis 17. Jahrhundert. Nach der Aufhebung des Klosters im Jahre 1804 erkoren preußische Verwaltung und Militär die Apostelkirche zur Garnisonkirche und damit zum ersten protestantischen Gotteshaus der Stadt aus. Mehr als zweihundert Jahre war die Lehre Luthers in Münster kein Thema gewesen, lebten hier doch nur sehr wenige Protestanten, die zudem keine eigene Gemeinde bildeten.

Von der Neubrückenstraße erreicht man in wenigen Minuten über den Roggenmarkt und Drubbel den Prinzipalmarkt, und von dort führt der Weg über den Domplatz zurück zur Überwasserkirche.

Das Stadttheater, links der Turm der Martinikirche.

Der Buddenturm, markanter Überrest der alten Stadtbefestigung.

Münster und das Münsterland

Gnadenkapelle in Telgte.

Ausflüge

Burg Hülshoff bei Roxel und Rüschhaus in Münster-Nienberge • Wolbeck und Telgte

1. Ausflug

Über 100 verschiedene Wasserschlösser sind in der weiteren Umgebung Münsters zu bewundern, von mittelalterlichen Burgen wie Vischering oder Lembeck im südlichen Kreis Coesfeld, weitläufigen Barockanlagen wie Schloss Nordkirchen, auch westfälisches Versailles genannt, bis hin zu klassizistischen Herrensitzen wie Haus Stapel bei Havixbeck. Diese sehenswerten Anlagen können größtenteils auf „Pättkes" mit dem Fahrrad erreicht werden. Pättkes sind übrigens die zahlreichen kleinen, abseits der großen Straßen gelegenen Wege, die sich durch die münsterländische Parklandschaft schlängeln. In einschlägigen, überall erhältlichen Radwanderführern werden Wege, Sehenswürdigkeiten und Naturschönheiten ausführlich beschrieben. Im Gegensatz zu den Höhenburgen am Rhein sind viele Wasserburgen des Münsterlandes keine Ruinen, sondern werden noch heute von ihren Besitzern bewohnt oder beherbergen, wie etwa Schloss Nordkirchen mit einer Finanzhochschule, moderne Einrichtungen.

Vom landschaftlichen Reiz des Münsterlandes ließen sich viele Dichter und Schriftsteller verzaubern. Besonders eindrucksvoll hat Annette von Droste-Hülshoff diese Eindrücke in vielen ihrer Werke vermittelt. Sie wurde 1797 auf der **Burg Hülshoff** (heute Kreis Coesfeld) in der Nähe von Roxel, einem Vorort Münsters, geboren und lebte hier fast 30 Jahre bis zur Übersiedlung in das nahe gelegene Rüschhaus. Burg Hülshoff, eine typische westfälische Wasserburg, wurde 1349 erstmals erwähnt. 1417 ging sie in das Eigentum der Herrn von Deckenbrock, einer münsterischen Patrizierfamilie, die sich später „von Droste" nannte, über.

Das jetzige Herrenhaus ließ Heinrich I. von Droste-Hülshoff von 1540 bis 1545 erbauen. Die auf der Vorburg gelegenen Wirtschaftsgebäude wurden später durch den „Hundeturm" und den „Gärtnerturm" ergänzt. Acht Jahre vor der Geburt der Dichterin, im Jahr 1789, hatte ihr Vater die Burg umfassend modernisieren lassen. Der spätmittelalterliche Charakter ging dadurch jedoch nicht verloren. Der Kapellenanbau im gotisierenden Stil stammt aus dem ausgehenden

Gartenseite des Rüschhauses in Nienberge.

19. Jahrhundert. Wirtschaftsgebäude und Herrenhaus liegen auf zwei Inseln. Wie viele aus der Zeit der Renaissance stammende Gebäude der Gegend weist auch Burg Hülshoff den typischen münster-ländischen Dreistaffelgiebel mit Seiten- und Firststaffel auf. Das sehenswerte Haus, das samt Park besichtigt werden kann, beherbergt ein Museum mit Erinnerungsstücken an die Dichterin, dazu zahlreiche Exponate zur Geschichte der Familie Droste-Hülshoff. Im Burgkeller befindet sich ein Café.

Im heutigen Stadtteil Münster-Nienberge, nur vier Kilometer von der Burg Hülshoff entfernt, liegt das **Rüschhaus**. Dorthin war Annette von Droste-Hülshoff 1826 nach dem Tod ihres Vaters zusammen mit Mutter und Schwester Jenny gezogen. Dessen Erbauer von 1745 bis 1748 war Johann Conrad Schlaun, der sich vor den Toren der Stadt einen Landsitz errichtete. Damit gelang dem bekannten Baumeister wiederum eine geniale Konzeption, die es auch Levin Schücking, enger Vertrauter der Droste, angetan hatte: „Das Gebäude hatte etwas Eigentümliches, es hatte wenig gemein mit den anderen adeligen Häusern. Es war ein Bau, vollständig wie das echte altherkömmliche sächsische Bauernhaus, nur mit dem Unterschied, dass es größer und ganz massiv von Steinen ausgeführt war, und dass es an den entgegengesetzten Seiten, an seinem Ende, zu einer hüb-

Hofseite des Rüschhauses.

schen, wenn auch kleinen herrschaftlichen Wohnung ausgebaut war."

Das Rüschhaus ist also eine gelungene Kombination aus münsterländischem Bauernhaus und barockem Herrensitz. Der Garten mit den von Schlaun entworfenen Skulpturen, die die vier Elemente darstellen, ist ebenso wie die Gartenseite des Hauses durch ein barockes Grundmuster geprägt. Auf der gegenüberliegenden Hofseite präsentiert sich das Rüschhaus mit seinen zwei Wirtschaftsgebäuden als ein westfälisches Bauernhaus mit einer großen Hofeinfahrt und dahinterliegenden Stallungen. Im Innern ist neben einigen Originalmöbeln die von der Pariser Manufaktur Dufour um 1826 angefertigte Landschaftstapete besonders sehenswert.

Annette von Droste-Hülshoff schrieb im Rüschhaus eine Reihe bekannter Balladen, die sich zum Teil in dem von Schücking bearbeiteten und weit verbreiteten Buch „Das malerische und romantische Westfalen" befinden. Auch das Werk, mit dem sie weithin bekannt wurde, die Novelle „Die Judenbuche", eine in Ostwestfalen spielende Kriminalgeschichte, verfasste sie dort in ihrem „Schneckenhäuschen", wie die Droste ihr Arbeitszimmer im Rüschhaus nannte.

In ihrem Werk vermittelt die Dichterin oftmals tief gehende Eindrücke aus ihrer westfälischen Heimat, keine Naturbeschreibungen, sondern ganz spezifische Stimmungen. „Der Knabe im Moor" ist eines dieser schaurig-schönen Gedichte, in dem Mensch und Natur

91

Westfalens gegenständlich werden. Mit einigen Gedichten und Novellen ging die Droste in die Weltliteratur ein. 1848 starb Annette auf der Meersburg am Bodensee, ihrem zweiten Wohnsitz nahe bei ihrer Schwester Jenny.

2. Ausflug

Als Abstecher in Münsters östliche Umgebung bieten sich der heutige Vorort Wolbeck und das Städtchen Telgte an. Wolbeck erreicht man von Münster über die gleichnamige Straße, die, nachdem sie die Werse überquert hat, Münsterstraße heißt.

Wolbeck, nach dem Waldbach benannt, war einst bevorzugter Aufenthaltsort der münsterischen Bischöfe, die hier ein großzügig angelegtes Schloss erbauen ließen. Dieses wurde nach dem Siebenjährigen Krieg abgerissen; erhalten ist jedoch ein Teil des „Tiergartens" mit einem barocken **Jagdhaus** (1712). Sehenswert in diesem kleinen Örtchen ist neben der katholischen **Pfarrkirche St. Nikolaus** aus der zweiten Hälfte des 14. Jahrhunderts vor allem der **Drostenhof**, ein ehemaliger Burgmannshof an der Münsterstraße. Die Burgmannen, an deren Spitze der Droste stand, waren die Verteidiger der bischöflichen Burgen. Der Drostenhof, bestehend aus Torhaus und Herrenhaus, wurde von 1545 bis 1557 erbaut und gilt als „Musterbeispiel adeliger Wohnkultur des 16. Jahrhunderts". Das Herrenhaus in der Formgestaltung der Frührenaissance, das mit den kugelbesetzten Halbrädern des Backsteingiebels ein typisches Motiv aus der Weserrenaissance aufnimmt, beherbergt heute das Westpreußische Landesmuseum, das eine umfangreiche Schausammlung zur Geschichte und Kultur Westpreußens zeigt. Nur wenige Kilometer von Wolbeck entfernt liegt **Telgte** an der Ems mit seinen zahlreichen niedrigen Giebelhäusern. Schon seit 1445 spielt die an einem wichtigen Verkehrsknotenpunkt gelegene einstige Hansestadt als ein bedeutsamer Marienwallfahrtsort eine Rolle. In der **Kapelle Beatae Mariae V.** am Kirchplatz ist das bekannte **Gnadenbild** – übrigens eines der ältesten Westfalens von etwa 1370 – zu sehen. Der münsterische Fürstbischof Christoph Bernhard von Galen hatte 1654 dem Franziskanerobservanten Jodokus Lücke den Auftrag zum Bau der Gnadenkapelle erteilt. Über den Eingangsportalen befindet sich das Wappen des münsterischen Fürstbischofs, der die Wallfahrt nach Telgte in seinem Bistum besonders förderte. Bis heute hat die jährliche Prozession dorthin eine besondere Bedeutung. Mehr als 100000 Pilger kommen Jahr für Jahr nach Telgte.

Drostenhof in Wolbeck.

Direkt neben der Wallfahrtskapelle steht das **Heimatmuseum Münsterland**, das eine beachtliche volkskundliche Sammlung zeigt. Erwähnenswert sind das sehr kostbare Telgter Hungertuch von 1623 und die Sammlung westfälischer Weihnachtskrippen. Weit über die Grenzen des Münsterlandes hinaus wurde das Städtchen übrigens bekannt durch die Erzählung „Das Treffen in Telgte" von Günter Grass.

93

Touristische Informationen

Informationsstand Bürgerhalle des Rathauses, Prinzipalmarkt: Tel. 0251/ 4 92 27 24, dienstags-freitags 10-17 Uhr, samstags, sonntags und feiertags 10-16 Uhr 10-13 Uhr.

Münster Marketing. Tel. 0251 / 492-2710

Führungen:

- Altstadtführungen: montags-samstags 11-13 Uhr, sonntags 10 Uhr; Bürgerhalle Rathaus, Prinzipalmarkt.
- Große Stadtbesichtigung zu Fuß und per Bus: samstags und sonntags 10.30-13 Uhr; mittwochs 14.30-17.00 Uhr;

Öffnungszeiten der historischen Gebäude und Museen:

- St.-Paulus-Dom: an Werktagen: 6.30-18 Uhr; an Sonn- und Feiertagen 6.30-19.30 Uhr.
  Umgang der Heiligen Drei Könige im Glockenspiel an der astronomischen Uhr: täglich um 12 Uhr, sonntags um 12.30 Uhr.
- Domkammer, Horsteberg 11: dienstags bis sonntags 11-16 Uhr.
- Friedenssaal im Rathaus: dienstags-freitags 9-17 Uhr, samstags, sonntags und feiertags 10-16 Uhr. Tel. 0251 / 492-2724
- Stadtmuseum im Salzhof, Salzstraße 28: dienstags-freitags 10-18 Uhr, samtags, sonntags und feiertags 11-18Uhr. Tel. 0251 / 492-45 03
- Westfälisches Landesmuseum für Kunst- und Kulturgeschichte, Domplatz 10: dienstags-sonntags 10-18 Uhr. Tel. 0251 / 5907-01
- Archäologisches Museum der Universität, Domplatz 20/22: dienstags, donnerstags-sonntags 14-16 Uhr.
  Tel. 0251 / 8 32 45 81
- Bibelmuseum der Universität, Georgskommende 7: mittwochs 11-13 Uhr, donnerstags 17-19 Uhr, 1. Samstag im Monat 10-13 Uhr. Tel. 0251/ 8 32 25 80.
- Eisenbahnmuseum der KG Pängelanton, Albersloher Weg, MS-Gremmendorf, sonntags 11-12.30 Uhr, Gruppen nach Vereinbarung, Tel. 0251 7 61 73 13.
- Eisenbahnmuseum Münster des Freundeskreises für Eisenbahn in der ehem. WLE-Lok-Halle, Lippstädter Straße 80, 2. und 4. Samstag im Monat, 14-17 Uhr und nach Vereinbarung, Tel. 02582 / 89 13

- Gallitzin-Haus Angelmodde, Angelmodder Weg 97, sonntags 10.30-12.30 Uhr, Gruppen nach Vereinbarung, Tel. 02506 / 66 71
- Geologisch-Paläontologisches Museum der Universität, Pferdegasse 3: dienstags-freitags 9-17 Uhr, samstags 10-17 Uhr, sonn- und feiertags 14-17 Uhr. Tel. 0251/ 8 32 39 42
- Graphikmuseum Pablo Picasso, Königstr. 5, dienstags-sonntags 10-18 Uhr, Tel. 0251 / 4 14 47-0
- Heimatmuseum Kinderhaus, Kinderhaus 15, sonntags 15-17 Uhr, Tel. 0251 / 21 23 28
- Hiltruper Museum, Zur Alten Feuerwache 26, sonntags 10.30-12 Uhr, 1. So im Monat 15-16 Uhr, Eintritt frei, Führungen nach Vereinbarung, Tel. 02501 / 252 06, auerhalb der Öffnungszeiten auch Anmeldung unter Tel. 02501 / 8305
- Hippomaxx Westfälisches Pferdemuseum im Allwetterzoo, Sentruper Str. 311, 01.10-31.03. täglich 9-16 Uhr, 01.04.-30.09. täglich 9-18 Uhr
- Karnevalsmuseum, Paohlbürgerhof, Heumannsweg 127, montags-freitags 16-18 Uhr und nach Vereinbarung, Eintritt frei, Tel. 0251 / 38 16 32
- Mineralogisches Museum der Universität, Hüfferstr. 1, mittwochs 15-18 Uhr, sonntags 10.30-12.30 Uhr, Gruppen nach Vereinbarung, Eintritt frei, Tel. 0251 / 8 33 34 04
- Museum für Lackkunst, Windthorststr. 26, mittwochs-sonntags 12-18 Uhr, dienstags 12-20 Uhr, Tel. 0251 / 4 18 51-0
- Westfälisches Museum für Naturkunde mit Planetarium, Sentruper Straße 285: dienstags-sonntags 9-18 Uhr, Führungen nach Voranmeldung. Tel. 0251/ 591-05.
- Mühlenhof, Freilichtmuseum, Theo-Breider-Weg 1 (Sentruper Höhe): 16.3-31.10. täglich 10-18 Uhr, 1.11-15.3. montags-samstags 13-16.30 Uhr, sonntags 11-16.30 Uhr. Tel. 0251 / 98 120-0.
- Droste-Museum Haus Rüschhaus, Münster-Nienberge: Führungen Mai bis Oktober dienstags-sonntags, 10, 11, 12, 14, 15, 16 und 17 Uhr, März-April und November dienstags-sonntags 11, 12, 14 und 15 Uhr. Tel. 02533/ 13 17.
- Droste-Museum Burg Hülshoff, 48239 Havixbeck: 13. März bis 20. Dezember täglich 9.30-18 Uhr. Tel. 0234 / 10 52
- Orgelmuseum, Sessendrupweg, MS-Nienberge, Besichtigung nach Vereinbarung, Eintritt frei, Tel. 02533 / 22 10.

- Westpreußisches Landesmuseum (Drostenhof), Münster-Wolbeck, Am Steintor 5: dienstags-sonntags 10-18 Uhr. Tel. 02506 / 25 50.
- Heimatmuseum Münsterland, 48291 Telgte, Herrenstraße 2: dienstags-sonntags 10-18 Uhr. Tel. 2504/ 93 12-0
- Lepramuseum Münster-Kinderhaus, Kinderhaus 15: sonntags 15-17 Uhr und nach Vereinbarung. Tel. 0251 / 28 51-0

Sonstige Einrichtungen:
- Allwetterzoo mit Delphinarium, Sentruper Straße 315: täglich ab 9 Uhr, Kassenschluß Januar/Februar/November/Dezember 16 Uhr; März/Oktober 17 Uhr; April bis September 18 Uhr. Tel. 0251 / 8904-0.
- Botanischer Garten der Universität im Schloßgarten: Winterzeit 8-16 Uhr, Sommerzeit Gewächshäuser 8-17 Uhr, Freiland 8-19 Uhr
- Hornblasen des Türmers von St. Lamberti: von 21 bis 24 Uhr halbstündlich (außer dienstags).
- Theaterkasse, Städtische Bühnen, Neubrückenstraße 63, Tel. 0251/ 4 14 67-100
- BB Eissporthalle, Steinfurter Straße 109, Tel. 0251/ 29 68 97.
- Fahrradverleih, ADFC-Fahrradverleih, Kirchstr. 40, Tel. 0251 / 39 39 99; Velotours, Nienkamp 74, Tel. 0251/ 270 43 10; Welcome Münsterland, Hammer Str. 418, Tel. 0251 / 87 88 15
- mobili Service-Zentrum Verkehrsnutzung, Stadt/Stadtwerke, Berliner Platz 22, Tel. 01803 / 50 40 30.
- Radstation Münster, Berliner Platz 27a, Tel. 0251 / 4 84 01 70.